中国城市客运发展报告

National Report on Urban Passenger Transport Development

(2016)

中华人民共和国交通运输部 编

内 容 提 要

本报告反映了2016年度中国城市客运发展状况,展示了行业发展水平和发展要点。报告分为综述篇、行业篇、专题篇和2016年度城市客运大事记四部分,共十三章。内容涵盖了城市客运发展环境、城市客运发展政策、城市公共汽电车、城市轨道交通、出租汽车等城市客运领域发展统计数据,专题介绍了公交都市创建、深化出租汽车改革、轨道交通运营安全、新能源汽车推广应用、快速公交系统建设、城市客运服务模式创新、城市交通拥堵治理等方面的情况。本报告可为社会公众了解城市客运行业发展状况提供基础资料,为城市客运行业管理、企业经营管理和相关科研工作等提供参考。

Abstract

This report comprehensively represents the development level and characteristics of China's urban passenger transport in the year 2016. Specifically, the report consists of 13 chapters in 4 parts (Overview, Urban Passenger Transport Sector, Specific Topics and Important Events of Urban Passenger Transport in 2016), which covers sections of urban passenger transport development environment, urban passenger transport development policy, buses and trolly buses industry statistics, urban rail transit industry statistics and taxi(cruise) industry statistics,etc. Specific Topics part introduces the Transit Metropolis demonstration, reformation of taxi industry, operation safety of urban rail transit , popularization and application of new energy vehicles, construction of bus rapid transit (BRT) system, innovation of urban passenger service mode and urban traffic congestion mitigation. This report also provides basic data for the public to understand the development of China's urban passenger transport industry, and provides reference for the urban passenger transport industry management, enterprise operating management and related research work.

图书在版编目(CIP)数据

中国城市客运发展报告 . 2016 / 中华人民共和国交通运输部编 . —北京:人民交通出版社股份有限公司,2017.7

ISBN 978-7-114-14026-6

Ⅰ.①中… Ⅱ.①中… Ⅲ.①城市运输—旅客运输—研究报告—中国—2016 Ⅳ.① F572.8

中国版本图书馆 CIP 数据核字 (2017) 第 154745 号

书　　名:	中国城市客运发展报告(2016)
著 作 者:	中华人民共和国交通运输部
责任编辑:	杨丽改　董　倩　刘　洋
出版发行:	人民交通出版社股份有限公司
地　　址:	(100011)北京市朝阳区安定门外外馆斜街3号
网　　址:	http://www.ccpress.com.cn
销售电话:	(010)59757973
总 经 销:	人民交通出版社股份有限公司发行部
经　　销:	各地新华书店
印　　刷:	中国电影出版社印刷厂
开　　本:	880×1230　1/16
印　　张:	9.25
字　　数:	293 千
版　　次:	2017年7月　第1版
印　　次:	2017年7月　第1次印刷
书　　号:	ISBN 978-7-114-14026-6
定　　价:	100.00元

(有印刷、装订质量问题的图书由本公司负责调换)

编委会

编写领导小组

组　长：徐亚华　交通运输部运输服务司司长

副组长：蔡团结　交通运输部运输服务司副司长
　　　　　王绣春　交通运输部运输服务司副司长
　　　　　石宝林　交通运输部科学研究院院长
　　　　　崔学忠　交通运输部科学研究院副院长

成　员：孟　秋　交通运输部运输服务司城乡客运管理处处长
　　　　　许宝利　交通运输部运输服务司出租汽车管理处（城市轨道
　　　　　　　　　交通管理处）处长
　　　　　毛　健　交通运输部综合规划司统计处处长
　　　　　杨新征　交通运输部科学研究院城市交通与轨道交通研究中心主任

编委会

编 写 组

组　长： 杨新征

副组长： 李良华　陈徐梅　许　飒

成　员： 赵　屾　宋伟男　路　熙　彭　虓　杨远舟
　　　　　郭　忠　吴忠宜　安　晶　杨海龙　解晓玲
　　　　　冯旭杰　李　成　李晓菲　赵海宾　刘　洋
　　　　　杜云柯　高　畅　魏领红　刘晓菲　施凯航
　　　　　任　祎　李　超　宜毛毛　王　哲　王望雄
　　　　　张子晗　宋肖红

编写说明

本报告由交通运输部运输服务司、交通运输部科学研究院组织编写。交通运输部科学研究院城市交通与轨道交通研究中心承担具体的编写工作。

本报告内容分为综述篇、行业篇、专题篇和2016年度城市客运大事记四个部分，共十三章。各章主要撰写人如下：第一章，杨新征；第二章，彭虓、刘晓菲；第三章，陈徐梅、赵屾、杜云柯；第四章，路熙、宜毛毛；第五章，宋伟男、冯旭杰；第六章，宋伟男、杨海龙、任祎；第七章，安晶、魏领红；第八章，杨海龙、解晓玲、彭虓；第九章，冯旭杰、杨远舟；第十章，李成、李晓菲、吴忠宜；第十一章，郭忠、赵海宾、李超；第十二章，许飒、吴忠宜、高畅；第十三章，刘洋、施凯航。全书由陈徐梅、彭虓统稿，文字数据由宋伟男、高畅校核，插图由宋伟男、路熙绘制。

交通运输部运输服务司孟秋、关笑楠、李良华、许宝利、曾嘉、同保等同志参与了本报告的审稿工作。在本报告的编写讨论和撰写统稿过程中，得到了交通运输部办公厅刘明君、鲍鑫荣、罗丙辉、田华，交通运输部综合规划司郑文英、宋颖欣、余高潮，以及北京市交通委员会运输管理局李公科，天津市客运交通管理办公室张迺元，江苏省交通运输厅运输管理局莫琨，安徽省道路运输管理局宁青，福建省运输管理局李文松，江西省公路运输管理局肖伦发、游国候，山东省交通运输厅道路运输局李军，长安大学王建伟、付鑫，交通运输部公路科学研究院王浩、解晓玲、程国华，人民交通出版社股份有限公司钟伟、杨丽改，中国道路运输杂志社刘云军，中国交通报社王珍珍等同志的大力支持和积极帮助，提出了很多富有建设性的意见和建议。本报告数据提供与整理得到了交通运输部科学研究院交通信息中心王哲、王望雄、张子晗、宋肖红的大力支持。

本报告中城市客运系统包括城市公共汽电车、城市轨道交通、出租汽车、城市客运轮渡以及相应的服务设施和设备等。本报告主要数据来源为《交通运输行业发展统计公报》《城市（县城）客运统计》《全

编写说明

国交通运输资料汇编》《中国城市建设统计年鉴》等统计资料；案例材料来源于交通运输部运输服务司、交通运输部科学研究院和地方交通运输主管部门。本报告内容不含中国香港特别行政区、澳门特别行政区和台湾省的情况。

由于2016年度城市人口数据尚未发布，本报告中与人口相关的指标数据均采用2015年度统计数据计算得出。

编　者

2017年6月

目录

综述篇

第一章　城市客运发展环境 ………………………………………………………… 3

第二章　城市客运发展政策 ………………………………………………………… 6

第三章　城市客运发展特点 ………………………………………………………… 9

行业篇

第四章　城市公共汽电车 …………………………………………………………… 13
　　第一节　设施装备 …………………………………………………………… 13
　　第二节　经营主体 …………………………………………………………… 29
　　第三节　运营指标 …………………………………………………………… 33
　　第四节　快速公交系统（BRT） …………………………………………… 39

第五章　城市轨道交通 ……………………………………………………………… 43
　　第一节　设施装备 …………………………………………………………… 43
　　第二节　经营主体 …………………………………………………………… 51
　　第三节　运营指标 …………………………………………………………… 52

第六章　出租汽车 …………………………………………………………………… 60
　　第一节　运营车辆 …………………………………………………………… 60
　　第二节　经营主体 …………………………………………………………… 65
　　第三节　运营指标 …………………………………………………………… 68

专题篇

第七章　公交都市创建 ……………………………………………………………… 81
　　第一节　国家公交都市示范工程取得积极成效 …………………………… 81
　　第二节　省级积极开展公交优先示范城市建设 …………………………… 82
　　第三节　公交都市创建地方经验 …………………………………………… 84

第八章　深化出租汽车行业改革 …………………………………………………… 89
　　第一节　概况 ………………………………………………………………… 89
　　第二节　地方实践 …………………………………………………………… 90

目录

第九章　城市轨道交通运营安全 ……………………… 93
　　第一节　概况 ………………………………………… 93
　　第二节　地方实践 …………………………………… 94

第十章　新能源汽车推广应用 …………………………… 96
　　第一节　概况 ………………………………………… 96
　　第二节　地方实践 …………………………………… 98

第十一章　快速公交系统建设 …………………………… 103
　　第一节　概况 ………………………………………… 103
　　第二节　地方实践 …………………………………… 104

第十二章　城市客运服务模式创新 ……………………… 108
　　第一节　概况 ………………………………………… 108
　　第二节　地方实践 …………………………………… 109

第十三章　城市交通拥堵治理 …………………………… 113
　　第一节　概况 ………………………………………… 113
　　第二节　地方实践 …………………………………… 113

2016年度城市客运大事记

附录1　2016年发布的城市客运标准规范 ……………… 126

附录2　图表目录 ………………………………………… 127

CONTENTS

OVERVIEW

CHAPTER 1 URBAN PASSENGER TRANSPORT DEVELOPMENT ENVIRONMENT ·················· 3

CHAPTER 2 URBAN PASSENGER TRANSPORT DEVELOPMENT POLICY ·················· 6

CHAPTER 3 URBAN PASSENGER TRANSPORT DEVELOPMENT CHARACTERISTICS ·················· 9

URBAN PASSENGER TRANSPORT SECTOR

CHAPTER 4 BUS AND TROLLY BUS ·················· 13

    Section 1 Operation Vehicles, Operation Routes and Infrastructure ·················· 13
    Section 2 Operator Entity ·················· 29
    Section 3 Operation Index ·················· 33
    Section 4 Bus Rapid Transit ·················· 39

CHAPTER 5 URBAN RAIL TRANSIT ·················· 43

    Section 1 Operation Vehicles, Operation Routes and Infrastructure ·················· 43
    Section 2 Operator Entity ·················· 51
    Section 3 Operation Index ·················· 52

CHAPTER 6 TAXI ·················· 60

    Section 1 Operation Vehicles ·················· 60
    Section 2 Operator Entity ·················· 65
    Section 3 Operation Index ·················· 68

SPECIFIC TOPICS

CHAPTER 7 TRANSIT METROPOLIS DEMONSTRATION ·················· 81

    Section 1 Transit Metropolis Demonstration Project has Achieved Remarkable Achievement ·················· 81

CONTENTS

    Section 2   Numerous Provinces Actively Participate and Support Transit Metropolis Demonstration Project ················· 82

    Section 3   Practice and Experience of Participating Cities Transportation City Demonstration Project ················· 84

CHAPTER 8   REFORMATION OF TAXI INDUSTRY ····················· 89

    Section 1   Overview ······································ 89
    Section 2   Local Practice ································ 90

CHAPTER 9   OPERATION SAFETY OF URBAN RAIL TRANSIT ············· 93

    Section 1   Overview ······································ 93
    Section 2   Local Practice ································ 94

CHAPTER 10   POPULARIZATION AND APPLICATION OF NEW ENERGY VEHICLES ····················· 96

    Section 1   Overview ······································ 96
    Section 2   Local Practice ································ 98

CHAPTER 11   CONSTRUCTION OF BUS RAPID TRANSIT SYSTEM ········ 103

    Section 1   Overview ······································ 103
    Section 2   Local Practice ································ 104

CHAPTER 12   INNOVATION OF URBAN PASSENGER SERVICE MODE ······ 108

    Section 1   Overview ······································ 108
    Section 2   Local Practice ································ 109

CHAPTER 13   URBAN TRAFFIC CONGESTION MITIGATION ············· 113

    Section 1   Overview ······································ 113
    Section 2   Local Pratice ································· 113

IMPORTANT EVENTS OF URBAN PASSENGER TRANSPORT IN 2016

APPENDIX 1   PUBLISHED URBAN PASSENGER TRANSPORT STANDARD SPECIFICATIONS IN 2016 ················· 126

APPENDIX 2   LISTS OF FIGURES AND TABLES ················· 127

综述篇
OVERVIEW

第一章 城市客运发展环境

2016年是全面建成小康社会决胜阶段的开局之年，也是推进结构性改革的攻坚之年。城市客运行业的发展，必须认真贯彻党中央、国务院战略决策和部署，准确把握国内外发展环境和条件的深刻变化，积极适应把握引领经济发展新常态，按照全面推进创新发展、协调发展、绿色发展、开放发展、共享发展的新要求，围绕"交通运输真正成为发展的'先行官'"这一目标，积极推进供给侧结构性改革，着力推动治理体系和治理能力现代化，着力推动运输服务提质增效升级，更好地满足经济社会发展需要，为人民群众提供更加满意的出行服务。

一、国家"十三五"规划确立城市客运发展改革总方向

2016年3月，十二届全国人大四次会议通过了《中华人民共和国国民经济和社会发展第十三个五年规划纲要》（以下简称《纲要》），强调发展是第一要务，牢固树立和贯彻落实创新、协调、绿色、开放、共享的发展理念，以提高发展质量和效益为中心，以供给侧结构性改革为主线，扩大有效供给，满足有效需求，加快形成引领经济发展新常态的体制机制和发展方式，保持战略定力，坚持稳中求进，统筹推进经济建设、政治建设、文化建设、社会建设、生态文明建设和党的建设，确保如期全面建成小康社会，为实现第二个百年奋斗目标、实现中华民族伟大复兴的中国梦奠定更加坚实的基础。

2016年作为"十三五"规划的开局之年，也是中国经济转型期的关键之年，肩负着供给侧结构性改革这一发展主线的统筹布局。交通运输作为国民经济的基础性、先导性产业，也迎来了基础设施发展、服务水平提高和转型发展的黄金时期，《纲要》提出坚持网络化布局、智能化管理、一体化服务、绿色化发展，建设国内国际通道联通、区域城乡覆盖广泛、枢纽节点功能完善、运输服务一体高效的现代综合交通运输体系。加快推进现代综合交通运输体系建设，意味着"十三五"时期要实现各种运输方式在更广范围、更高层次、更大程度上融合，更好发挥对经济社会发展的支撑引领作用。

《纲要》提出实行公共交通优先，加快发展城市轨道交通、快速公交系统等大容量公共交通，鼓励绿色出行，促进网络预约等定制交通发展，推广城市自行车和公共交通等绿色出行服务系统，倡导勤俭节约的生活方式，为城市客运行业明确"十三五"发展思路，部署重点工作，推进供给侧结构性改革，转变发展方式，创新服务模式，强化公共交通引导城市发展，提升城市公共交通治理能力和服务水平，提供了重要的政策环境。

二、经济新常态对城市客运发展提出新任务新要求

2016年，面对复杂严峻的国内外环境和艰巨繁重的改革发展稳定任务，以习近平同志为核心的党中央坚持适应把握引领新常态，坚持稳中求进工作总基调，以推进供给侧结构性改革为主线，适度扩大总需求，坚定推进深化改革，妥善应对风险挑战，经济社会保持了平稳健康发展，实现了"十三五"良好开局。2016年，我国实现国内生产总值74.4万亿元，比2015年增长6.7%。国民经济的持续稳定增长，为城市客运发展营造了良好的外部条件，同时也对城市客运服务品质提出了新的要求。2016年，城市客运行业通过改善服务质量，提供优质服务，全年完成城市客运量1285.15亿人次，基本满足了城乡居民基本出行需求，较好地支撑了经济社会发展和人民群众的生产生活。

2016年，国家继续注重和改善民生，不断提高人民群众的生活品质，稳步推进以人为本的新型城镇化战略，城镇化率继续提高，人民群众的获得感稳步增强。截至2016年底，我国常住人口城镇化率

57.35%，比 2015 年年底提高 1.25 个百分点，城镇常住人口 79298 万人，比上年末增加 2182 万人。城镇化水平的进一步提高，人民群众生活方式进一步多样化，城市之间交往越来越紧密和频繁，城市群发展逐步壮大，居民出行需求个体化、多元化趋势不断增强，对城市客运的服务品质提出了更高的要求，也对城乡客运公共服务均等化发展提出了更高的要求。2016 年城市客运行业以需求为导向，创新和丰富服务方式，提高服务效率和品质，不断提升与城市化进程并行的城市、城际、城乡交通运输服务水平，为国家改善民生做出了应有的贡献。

三、中央城市工作会议深化公交引领城市发展模式

2015 年 12 月 20 日至 21 日，中央城市工作会议在京召开，会议分析了城市发展面临的形势，明确了做好城市工作的指导思想、总体思路、重点任务，并对做好城市工作进行了具体部署。这是时隔 37 年后，城市工作再度被提升到中央层面进行研究和部署。中央城市工作会议提出了未来城市发展建设的"一个尊重，五大统筹"，同时在"建设"与"管理"两端着力，转变城市发展方式，完善城市治理体系，提高城市治理能力，解决"城市病"等突出问题。推进新型城镇化战略，必须认识、尊重、顺应城市发展规律，端正城市发展指导思想，强化尊重自然、传承历史、绿色低碳等理念，将环境容量和城市综合承载能力作为确定城市定位和规模的基本依据。不断提升城市环境质量、人民生活质量、城市竞争力，建设和谐宜居、富有活力、各具特色的现代化城市。

会议指出，城市工作是一个系统工程，必须抓好城市这个"火车头"，把握发展规律，推动以人为核心的新型城镇化，发挥这一扩大内需的最大潜力，有效化解各种"城市病"。不断提升规划水平，促进"多规合一"；不断提升建设水平，建设海绵城市，不断提升管理水平，打造智慧城市；不断推进改革创新，为城市发展提供有力的体制机制保障。不断完善城市管理和服务，彻底改变粗放型管理方式，让人民群众在城市生活得更方便、更舒心、更美好。

2016 年 2 月 6 日，中央城市工作会议配套文件《中共中央　国务院关于进一步加强城市规划建设管理工作的若干意见》（中发〔2016〕6 号）印发，描绘了"十三五"乃至更长时间中国城市发展的"路线图"：实现城市有序建设、适度开发、高效运行，努力打造和谐宜居、富有活力、各具特色的现代化城市，让人民生活更美好。2016 年，按照中央城市工作会议的战略部署，各地坚持集约发展，树立"精明增长""紧凑城市"理念，围绕城市轨道交通线路、BRT 线路、公共汽电车线路，大力推进公共交通引导城市发展，转变原来的公共交通被动适应城市发展的模式，变为公共交通主动引导城市发展的模式，增强城市内部布局的合理性，提升城市的通透性和微循环能力，推动城市发展由外延扩张式向内涵提升式转变。

四、"互联网+"便捷交通引领城市客运行业转型升级

"互联网+"是把互联网的创新成果与经济社会各领域深度融合，推动技术进步、效率提升和组织变革，提升实体经济创新力和生产力，形成更广泛的以互联网为基础设施和创新要素的经济社会发展新形态。在全球新一轮科技革命和产业变革中，互联网与各领域的融合发展具有广阔前景和无限潜力，已成为不可阻挡的时代潮流，正对各国经济社会发展产生着战略性和全局性的影响。积极发挥我国互联网已经形成的比较优势，把握机遇，增强信心，加快推进"互联网+"发展，有利于重塑创新体系、激发创新活力、培育新兴业态和创新公共服务模式，对打造大众创业、万众创新和增加公共产品、公共服务"双引擎"，主动适应和引领经济发展新常态，形成经济发展新动能，实现中国经济提质增效升级具有重要意义。

近年来，我国在互联网技术、产业、应用以及跨界融合等方面取得了积极进展，已具备加快推进"互

联网+"发展的坚实基础，但也存在传统企业运用互联网的意识和能力不足、互联网企业对传统产业理解不够深入、新业态发展面临体制机制障碍、跨界融合型人才严重匮乏等问题，亟待加以解决。为加快推动互联网与各领域深入融合和创新发展，充分发挥"互联网+"对稳增长、促改革、调结构、惠民生、防风险的重要作用，国务院制定下发了《国务院关于积极推进"互联网+"行动的指导意见》（国发〔2015〕40号），明确了我国"互联网+"战略的顶层设计。其中，设立了专节明确"互联网+"便捷交通，主要任务是加快互联网与交通运输领域的深度融合，通过基础设施、运输工具、运行信息等互联网化，推进基于互联网平台的便捷化交通运输服务发展，显著提高交通运输资源利用效率和管理精细化水平，全面提升交通运输行业服务品质和科学治理能力。

城市客运作为"互联网+"的重要应用领域，"互联网+"为城市客运行业转型升级和创新服务模式提供可能。2016年，各地积极发展"互联网+公交"服务，通过整合车、路、人各种信息与服务，不断探索创新"互联网+"服务产品，极大地丰富了公共交通服务模式，使城市客运服务变得更加智能、精细和人性，在满足多样化出行的基础上，进一步提升了城市公共交通的便捷程度和吸引力。此外，全球瞩目的出租汽车改革和网约车新政出台，为传统巡游出租汽车融合互联网创新、网络预约出租汽车合法化及规范化发展提供了全球范例。

第二章 城市客运发展政策

党中央、国务院高度重视交通运输发展问题，习近平总书记明确指出，"十三五"是交通运输基础设施发展、服务水平提高和转型发展的黄金时期，要抓住这一时期，加快发展，不辱使命，为实现中华民族伟大复兴的中国梦发挥更大的作用。习近平总书记的这一重大判断，是对交通运输发展阶段的科学定位，是对交通运输发展形势任务的深刻把握，饱含着党中央对交通运输发展的亲切关怀和殷切期望。"十三五"黄金时期是经济发展新常态、全面建成小康社会决胜阶段、推进国家"三大战略"等大时代背景综合作用于交通运输的集中体现。交通运输相关的国家和行业法规、标准、政策等，为城市客运行业发展提供良好的政策环境，有效规范、引导和推动城市客运行业健康发展。

一、城市公共交通"十三五"期顶层设计出炉

2016年7月，《交通运输部关于印发〈城市公共交通"十三五"发展纲要〉的通知》（交运发〔2016〕126号）发布，《城市公共交通"十三五"发展纲要》分析了"十三五"期面临的新形势和新要求，明确了城市公共交通发展的总体思路、功能定位、发展目标和重点任务。

《城市公共交通"十三五"发展纲要》指出"十三五"是城市公共交通发展的机遇期和攻坚期，城市公共交通必须发挥好三个作用：一是适应新型城镇化建设需要，发挥好导向作用；二是适应城市交通科学发展需要，发挥好主体作用；三是适应城乡公共服务均等化建设需要，发挥好带动作用。《城市公共交通"十三五"发展纲要》以"公交都市"建设为抓手，以改革创新为动力，全力推进城市公交体制机制改革和供给侧结构性改革，加快提升城市公交引导城市发展能力、服务保障能力、可持续发展能力和综合治理能力，努力打造高效便捷、安全舒适、经济可靠、绿色低碳的城市公交系统。

为了推动各地更好地落实公交优先发展战略，交通运输部根据不同人口规模对城市进行分类，按照"数据可采集、同类可比较、群众可感知"原则，提出了"十三五"期各类城市公交发展指标，包括城市公共交通机动化出行分担率、城市交通绿色出行分担率、城市公共交通乘客满意度等9项关键指标，以此引导各地加快建立适应全面建成小康社会需求的现代化城市公共交通体系。

为实现"十三五"城市公共交通发展目标，《城市公共交通"十三五"发展纲要》提出了全面推进"公交都市"建设、深化城市公交行业体制机制改革、全面提升城市公交服务品质、建设与移动互联网深度融合的智能公交系统、缓解城市交通拥堵等重点任务，以及加快城市公交法规标准建设、制定和落实城市公交财税扶持政策、优化城市公交从业人员政策环境等保障措施，为全面落实城市公交优先发展战略明确了工作要点。

二、"十三五"期"公交都市"建设全面推进

"十二五"期，交通运输部分两批在北京等37个城市开展了"公交都市"创建活动，得到社会各界广泛关注。各创建城市积极践行公交优先发展理念，城市公交优先发展政策体系进一步完善和落实，公交基础设施建设、运营保障能力和服务水平稳步提升，取得了积极成效。"公交都市"创建活动已成为推进落实公交优先发展战略的重要抓手，成为凝聚城市公交改革发展共识的重要平台，成为创新推动交通运输发展的重要品牌。

按照《城市公共交通"十三五"发展纲要》部署，"十三五"期交通运输部将开展"公交都市"建设专项行动，重点支持在地市级以上城市全面推进"公交都市"建设。2016年12月，《交通运输部办公厅

关于全面推进公交都市建设等有关事项的通知》（交办运〔2016〕157号）发布，明确了新一轮"公交都市"建设的工作安排和有关要求，并提出对各"公交都市"创建城市符合条件的综合客运枢纽建设给予支持。通过5年左右的建设，实现中心城区500米上车，城市交通绿色出行比例达到75%以上。在"公交都市"建设过程中，还将积极进行新能源城市公交车辆的推广应用，推动"互联网＋城市公交"发展，创新发展各类新型服务模式。力争到"十三五"期末建成一批具有特色主题的"公交都市"城市，推动城市公共交通优先发展战略全面深入落实。

三、城市公交优先发展配套支持政策进一步深化

《国务院关于城市优先发展公共交通的指导意见》（国发〔2012〕64号）针对我国城市公共交通发展面临的新形势、新任务，从发展理念、发展原则、发展目标、发展政策和发展机制等方面提出了系统的指导意见，实现了多方面的政策和机制创新，是推动实施城市公共交通优先发展战略的重要纲领。其中，明确了"十二五"期间，免征城市公共交通企业新购置的公共汽（电）车的车辆购置税等扶持政策。"十三五"时期，国家继续加大城市公共交通优先发展的政策扶持，延续了"十二五"期有关财税扶持政策，进一步减轻企业负担，降低城市财政压力，为全国城市公共交通优先发展提供良好的政策环境。

2016年3月，《财政部 国家税务总局关于城市公交站场道路客运站场 城市轨道交通系统城镇土地使用税优惠政策的通知》（财税〔2016〕16号）发布，规定2016年1月1日至2018年12月31日，对城市公交站场、道路客运站场、城市轨道交通系统运营用地，免征城镇土地使用税。城市公交站场运营用地，包括城市公交首末车站、停车场、保养场、站场办公用地、生产辅助用地。城市轨道交通系统运营用地，包括车站（含出入口、通道、公共配套及附属设施）、运营控制中心、车辆基地（含单独的综合维护中心、车辆段）以及线路用地，不包括购物中心、商铺等商业设施用地。

2016年7月，《财政部关于城市公交企业购置公共汽电车辆免征车辆购置税的通知》（财税〔2016〕84号）发布，规定自2016年1月1日起至2020年12月31日止，对城市公交企业购置的公共汽电车辆免征车辆购置税。城市公交企业是指，由县级以上（含县级）人民政府交通运输主管部门认定的，依法取得城市公交经营资格，为公众提供公交出行服务的企业。公共汽电车辆是指，由县级以上（含县级）人民政府交通运输主管部门按照车辆实际经营范围和用途等界定的，在城市中按规定的线路、站点、票价和时刻表营运，供公众乘坐的经营性客运汽车和无轨电车。

四、交通运输行业新能源汽车推广应用取得明显成效

2016年，我国新能源汽车产业由起步阶段进入加速阶段，初步建立了产业发展、科技创新、财税优惠等方面的政策支持体系。交通运输行业尤其是城市客运成为新能源车推广应用的主力军。截至2016年年底，我国新能源公交车保有量已达到16.5万辆，占我国城市公共汽电车总数的27.1%，2016年全年新增7.8万辆新能源公交车（同比增长56.0%）。

2016年1月，财政部、科技部、工业和信息化部、发展改革委和能源局发布了《关于"十三五"新能源汽车充电基础设施奖励政策及加强新能源汽车推广应用的通知》（财建〔2016〕7号，以下简称《通知》），提出2016—2020年中央财政将根据新制定的奖励标准继续对充电基础设施建设、运营给予奖补，以加快推动新能源车充电基础设施建设，培育良好的新能源车应用环境。《通知》设定新能源充电设施奖励标准，对于大气污染治理重点省市奖励最高，规定2016年奖励门槛为推广量3万辆，奖补标准9000万元，超出门槛部分奖补最高封顶1.2亿元，超出门槛部分奖补最高封顶2亿元。2020年大气污染治理重点省市奖励门槛7万辆，奖补标准1.26亿元。

2016年12月，财政部、科技部、工业和信息化部和发展改革委四部委联合发布了《关于调整新能源

汽车推广应用财政补贴政策的通知》（财建〔2016〕958号），明确了对新能源汽车购置环节的持续补贴，调整完善了车型目录门槛、补贴标准、资金拨付方式，落实了推广应用主体责任，并建立了惩罚机制。

五、"互联网+"城市客运融合发展进一步提升

为贯彻落实《国务院关于积极推进"互联网+"行动的指导意见》（国发〔2015〕40号）《国务院关于印发促进大数据发展行动纲要的通知》（国发〔2015〕50号）等重要文件精神，加快推进智慧交通建设，不断提高交通运输信息化发展水平，充分发挥信息化对促进现代综合交通运输体系建设的支撑和引领作用，2016年交通运输部印发了《交通运输信息化"十三五"发展规划》（以下简称《规划》），全面部署交通运输信息化今后五年发展的总体思路、主要任务和保障措施，涵盖了公路、水路、城市客运及综合运输信息化等方面内容。《规划》提出推动"互联网+"重点行动计划，在京津冀等重点区域率先启动交通一卡通互联互通，推动交通一卡通在出租汽车、长途客运、停车服务等交通领域的应用。持续推进城市公交智能化建设，支撑公交都市建设示范工程。推进我国地市以上城市整合建设出租汽车监管平台。鼓励企业建设汽车租赁车辆管理服务信息平台。

2016年11月，在浙江乌镇召开的第三届世界互联网大会迎来崭新分论坛——"互联网+出行"论坛，论坛主题为"智慧交通，让出行更便捷"，该论坛由交通运输部主办。交通运输部党组书记杨传堂在论坛上发出五点倡议，号召世界各国的交通运输界、互联网界的朋友加强沟通、扩大共识、深化合作，以整合资源、开放共享为重点，以泛在互联、全面感知、便捷交互为目标，推动"互联网+"与交通运输融合发展。可以预计，"十三五"时期，互联网将与交通行业深度渗透融合，对相关环节产生深刻变革。伴随云计算、大数据、移动互联网、社交网络媒体等新兴技术的发展，"互联网+"未来势必会成为建设智慧交通的重要技术和途径。交通运输部将注重加强顶层设计，注重政策支持引导，注重关键技术的研发和标准制定，注重推动数据开放共享，推动交通运输与互联网深度融合，适应新变化、满足新需求，坚持创新发展，利用社会力量和市场机制，充分发挥市场在资源配置中的决定性作用和更好发挥政府作用，不断推进"互联网+出行"发展。

六、深化出租汽车行业改革和规范网络预约出租汽车发展取得重大进展

2016年7月，《国务院办公厅关于深化改革推进出租汽车行业健康发展的指导意见》（国办发〔2016〕58号）和《网络预约出租汽车经营服务管理暂行办法》（交通运输部 工业和信息化部 公安部 商务部 工商总局 质检总局 国家网信办令2016年第60号，以下简称《暂行办法》）两个文件正式发布，明确了深化行业改革的顶层设计，指明了改革发展的方向。作为世界上首部在全国范围内实施的网约出租汽车运营服务管理部门规章，《暂行办法》通过"量体裁衣"式的制度设计，给网约车业态提供了最大发展空间，确定了网约车高品质服务、差异化经营的发展定位，规定了平台公司承运人责任及平台公司、车辆和驾驶员的准入条件，并对平台公司和驾驶员经营行为、车辆报废、驾驶员专兼职从业、部门联合监管等事项做出具体规定。

2016年8月，交通运输部修订并发布了《出租汽车驾驶员从业资格管理规定》（交通运输部令2016年第63号）及《巡游出租汽车经营服务管理规定》（交通运输部令2016年第64号），《出租汽车驾驶员从业资格管理规定》（交通运输部令2016年第63号）明确了出租汽车驾驶员从业资格包括巡游出租汽车驾驶员从业资格和网络预约出租汽车驾驶员从业资格等，并结合网约车新业态的特点，对驾驶员考试、驾驶员条件、证件类别、注册管理、继续教育、法律责任等规定作了相应调整。《巡游出租汽车经营服务管理规定》（交通运输部令2016年第64号）从经营许可、运营服务、运营保障、监督管理、法律责任等方面对巡游出租汽车的运营服务管理做了规定，对出租汽车行业定位，经营者和驾驶员利益分配机制等做了调整。

此外，交通运输部还组织制定并发布了《巡游出租汽车运营服务规范》（JT/T 1068—2016）、《网络预约出租汽车运营服务规范》（JT/T 1069—2016）等标准。

第三章　城市客运发展特点

2016年，城市客运行业认真贯彻落实党中央、国务院决策部署和交通运输部党组的总体安排，积极适应新常态、把握新常态、引领新常态，把创新作为加快发展的重要路径，充分认识和认真把握供给侧结构性改革要求，以全面落实公交优先发展战略为主线，大力完善城市公共交通基础设施，探索创新服务模式，不断提升运输服务保障能力和水平，城市客运发展水平得到进一步提高。2016年城市客运系统完成客运量1285.15亿人次，城市客运行业满足城乡居民多样化出行需求，以及服务城市经济社会发展和新型城镇化战略的支撑引领作用显著增强。2016年，城市客运行业发展呈现五大特点。

一、服务供给能力不断提高

城市客运行业围绕让城市公共交通成为群众机动化出行首选、让群众出行更满意为目标，紧紧围绕"减少无效和低端供给，扩大有效和中高端供给，增强供给结构对需求变化的适应性和灵活性，提高全要素生产率"的发展策略，提高城市公共交通服务的针对性、精确性和灵活性，注重量质并举、全面发展，积极推动城市公共交通供给侧改革，进一步加快转变城市客运发展方式。一是城市轨道交通快速发展，截至2016年年底，我国共有30个城市开通轨道交通，2016年新增4个城市，运营里程达到3727.5公里。二是快速公交系统建设继续加快，截至2016年年底，我国共有26个城市开通BRT，运营里程达到3433.5公里。三是公交专用道规模快速增长，截至2016年年底，我国共有公交专用道9777.8公里，比上年增加1208.7公里，同比增长14.1%。四是运输装备规模进一步扩大，我国拥有公共汽电车60.86万辆（折合68.73万标台），比上年增长4.69万辆，同比增长8.3%；城市轨道交通运营车辆23791辆（折合57627标台）、巡游出租汽车140.40万辆、城市客运轮渡运营船只282艘。

二、服务模式不断创新

各地积极创新服务方式，提高服务品质，城市公共交通智能化调度、动态监控和实时信息服务水平不断提升，定制公交、商务快巴、旅游专线、社区巴士等特色公共交通服务遍地开花，城市公交出行服务质量稳步提升。截至2016年年底，我国拥有公共汽电车运营线路52789条，比上年增加3884条；运营线路长度3727.5公里，比上年增加532.1公里，同比增长16.7%。服务广度和深度进一步提升，北京、上海等城市实现行政区域内公交全覆盖，江苏省全面推进"镇村公交"，率先将"行有所乘"纳入基本公共服务体系。服务更加精细化，各地依托公交智能示范工程，加强运营数据监测，优化调度管理，提升服务精细化水平。服务方式更加多元化，各地积极探索定制公交、商务巴士、社区巴士等特色公交服务，逐步形成了多层次、差异化的服务体系。

三、绿色出行大力推进

按照走资源节约和环境友好型发展道路的要求，努力推动城市绿色出行体系建设。一是加快新能源汽车在城市客运领域的推广应用。深入贯彻落实《国务院办公厅关于加快新能源汽车推广应用的指导意见》（国办发〔2014〕35号）及部实施意见，将城市客运作为新能源汽车推广应用的重点领域之一，截至2016年年底，我国新能源公交车辆16.46万辆，占公交车辆总数的27.0%，比上年增长7.80万辆，同比增长90.0%。二是各地积极引导公众选择自行车绿色出行方式，加快自行车道和步行道系统建设。株洲市在不到 130 平方公里的城区布设了 2 万多辆公共自行车，年借还自行车数量超过 2 亿人次。基于移动互联网的共享自行车快速发展，受到了用户欢迎。三是加快城市交通拥堵综合治理。从"关注车辆的畅通"转向"关注人和物的畅通"，综合运用经济、法律、科技和必要的行政手段等"组合拳"，从交通出行的各个环节入手，依法建立以经济手段为主、行政手段为辅的差异化交通拥堵治理措施。四是加强绿色出行文化建设。2016 年，各地积极开展主题为"优选公交 绿色出行"的"公交出行宣传周"活动，共同倡导绿色出行理念，营造社会各界支持公交优先、优选公交出行的氛围。

四、信息化水平不断提升

各地顺应"互联网+"发展新形势，探索大数据、云计算、移动互联网技术在城市公交出行信息服务领域的广泛应用，推动具有城市公交便捷出行引导的智慧型综合出行信息服务系统建设，向公众提供全链条、全方式、跨区域的综合交通"一站式"信息服务。一是城市公共交通智能化应用示范工程等工作稳步推进，城市客运行业运营、管理和服务的效率与水平得到明显提升。二是公共交通一卡通互联互通成效显著。按照部统一要求，加快推进交通一卡通互联互通工作，更好实现便捷支付，截至 2016 年年底，我国已有 100 多个城市接入全国交通"一卡通"互联互通大平台。三是规范移动支付在交通运输支付领域的应用。2016 年 4 月，交通运输部组织编制并发布了《交通一卡通移动支付技术规范》（JT/T 1059—2016）系列标准。

五、城市客运标准化建设进一步加强

经过多年发展，城市客运行业标准体系建设取得了明显成效，标准规范体系框架基本建立。2016年，在交通运输部科技司和运输服务司的指导下，全国城市客运标准化技术委员会开展了城市客运领域"2017—2019 三年标准制修订计划"编制工作。2016 年共发布国家标准 5 项，行业标准 10 项，其中《城市公共汽电车客运服务规范》（GB/T 22484—2016）、《快速公共汽车交通系统建设与运营管理规范》（GB/T 32985—2016）、《城市交通运行状况评价规范》（GB/T 33171—2016）等一批重要的国家标准相继发布，为促进行业健康发展提供了重要依据。

行业篇

URBAN PASSENGER
TRANSPORT SECTOR

行业篇

第四章　城市公共汽电车

截至 2016 年年底，我国拥有城市公共汽电车运营车辆 60.86 万辆（折合 68.73 万标台），其中新能源车辆（包括纯电动客车、混合动力车）16.46 万辆。运营线路 52789 条，运营线路长度 98.12 万公里。经营业户数 3887 户，其中个体经营业户数 263 户。从业人员 135.26 万人。运营里程 358.32 亿公里。全年完成城市客运量 745.35 亿人次。2016 年我国城市公共汽电车发展情况详见表 4-1。

2016年我国城市公共汽电车发展情况　　　　　表4-1

数据类型	单位	2016年	比2015年新增	同比增长率（%）
运营车辆	辆	608636	46880	8.3
	标台	687256	54347	8.6
新能源公交车辆	辆	164629	77970	90.0
BRT运营车辆	辆	7689	1526	24.8
运营线路	条	52789	3884	7.9
运营线路长度	公里	981192	86860	9.7
BRT运营线路长度	公里	3433.5	353.0	11.5
场站面积	万平方米	7715.1	722.4	10.3
经营企业	户	3887	43	1.1
从业人员	万人	135.26	2.03	1.5
驾驶员	万人	83.93	—	—
运营里程	亿公里	358.32	5.99	1.7
客运量	亿人次	745.35	-20.05	-2.6
BRT客运量	亿人次	17.65	3.33	23.2

注：1. 数据来源于 2016 年《交通运输行业发展统计公报》《城市（县城）客运统计》。
　　2. 由于 2015 年驾驶员人数未统计，因此本表未列出"比 2015 年新增"和"同比增长率"数据。

第一节　设施装备

一、运营车辆

截至 2016 年年底，我国拥有城市公共汽电车运营车辆 60.86 万辆（折合 68.73 万标台），比 2015 年增加 4.69 万辆（折合 5.43 万标台），增长比例为 8.3%（标台增长比例为 8.6%）。其中，新能源车辆（包括纯电动客车、混合动力车）16.46 万辆，占我国城市公共汽电车运营车辆总数的 27.0%，比 2015 年增加 7.80 万辆，增长比例为 90.0%；BRT 运营车辆 7689 辆，占我国城市公共汽电车运营车辆总数的 1.3%，比 2015 年增加 1626 辆，增长比例为 24.8%。2016 年我国城市公共汽电车运营车辆主要呈现以下特征：

（1）总体数量稳步增长。各地加大对城市公共汽电车运营车辆的投放力度，2016 年我国净增 4.69 万辆运营车辆，比 2015 年（净增 3.30 万辆运营车辆）增加 1.39 万辆；2016 年我国运营车辆数增长比例为

8.3%，比 2015 年（增长比例为 6.2%）增加 2.1%。

（2）分布结构持续优化。2016 年我国新增新能源运营车辆（含纯电动车及混合动力车）7.80 万辆，较 2015 年增加 90.0%，新增新能源运营车辆数占我国城市公共汽电车运营车辆总数的比例从 2015 年的 15.4% 上升到 2016 年的 27.0%，提高了 11.6 个百分点。2016 年汽、柴油运营车辆减少 2.86 万辆，较 2015 年减少 10.9%，汽、柴油运营车辆占我国城市公共汽电车运营车辆总数的比例从 2015 年的 46.8% 降至 38.5%。

（3）现代化程度不断提升。2016 年我国新增更新空调车 5.68 万辆，安装空调的公共汽电车运营车辆达到 40.4 万辆，占我国城市公共汽电车运营车辆总数的 66.4%，比 2015 年占比 61.8% 提高了 4.6 个百分点。2016 年我国新增安装卫星定位车载终端的运营车辆 5.88 万辆，我国安装卫星定位车载终端的运营车辆数达到 49.95 万辆，占我国城市公共汽电车运营车辆总数的 82.1%，比 2015 年占比 78.4% 提高 3.7 个百分点。

截至 2016 年年底，我国 31 个省（自治区、直辖市）平均运营车辆数为 19633 辆，共有 12 个省（自治区、直辖市）高于平均值。排名前 5 的省份分别为广东、山东、江苏、浙江和河北，其中广东为 61379 辆，山东、江苏分别为 58573 辆和 42521 辆，浙江、河北分别为 35767 辆和 30091 辆。共有 19 个省（自治区、直辖市）低于平均值。2016 年我国 31 个省（自治区、直辖市）公共汽电车运营车辆数情况详见图 4-1 和表 4-2。

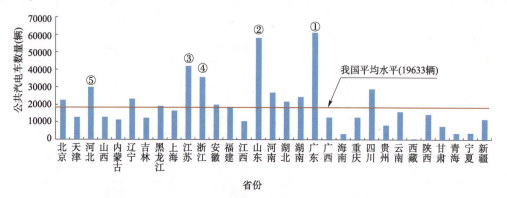

图 4-1　2016 年我国 31 个省（自治区、直辖市）城市公共汽电车运营车辆数情况

注：数据来源于 2016 年《城市（县城）客运统计》。

与 2015 年相比，公共汽电车运营车辆数增长比例排名前 5 的省（自治区）为山东、山西、河北、广西和内蒙古，其中山东 2016 年公共汽电车运营车辆数增长比例为 25.5%，山西、河北增长比例分别为 22.1% 和 17.5%，广西、内蒙古增长比例分别为 12.7% 和 12.0%。2016 年我国 31 个省（自治区、直辖市）公共汽电车运营车辆数增长情况详见图 4-2 和表 4-2。

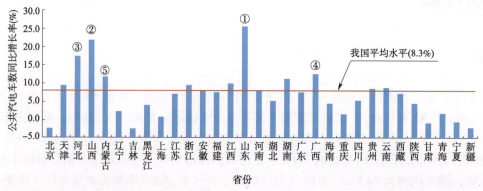

图 4-2　2016 年我国 31 个省（自治区、直辖市）城市公共汽电车运营车辆数增长情况

注：数据来源于 2016 年《城市（县城）客运统计》。

2016年我国31个省（自治区、直辖市）城市公共汽电车运营车辆发展情况　　表4-2

地区	运营车辆数（辆）	新能源运营车辆数（辆）	占比（%）	新增运营车辆数（辆）	新增新能源运营车辆数（辆）	运营车辆数（标台）
合计	608636	164629	27.0	46880	77970	687256
北京	22688	596	2.6	-599	14	32685
天津	12699	3712	29.2	1080	1360	14649
河北	30091	11909	39.6	4477	5824	30701
山西	12950	4655	35.9	2345	3860	14419
内蒙古	11479	950	8.3	1228	727	11813
辽宁	23627	5201	22.0	530	2341	28224
吉林	12403	1170	9.4	-306	842	12080
黑龙江	19507	2280	11.7	778	1443	21701
上海	16693	2813	16.9	162	1086	20659
江苏	42521	13561	31.9	2792	5922	50738
浙江	35767	8021	22.4	3069	2830	39264
安徽	20144	5187	25.7	1522	2238	23263
福建	18324	5554	30.3	1303	2055	20326
江西	10792	2271	21.0	986	1048	11928
山东	58573	27873	47.6	11919	15902	63732
河南	27251	13406	49.2	1993	4734	29615
湖北	21979	4264	19.4	1084	2343	25562
湖南	24483	11638	47.5	2453	4418	27912
广东	61379	21830	35.6	4429	9792	68965
广西	12896	2775	21.5	1454	1746	13828
海南	3520	1128	32.0	150	249	3719
重庆	13026	2361	18.1	189	464	14698
四川	29093	2154	7.4	1447	1262	33840
贵州	8565	1363	15.9	676	992	9698
云南	16016	3021	18.9	1312	1348	16142
西藏	654	188	28.7	45	41	814
陕西	14341	2603	18.2	626	1887	16359
甘肃	7451	184	2.5	-62	79	7624
青海	3861	820	21.2	71	475	4073
宁夏	4093	194	4.7	-22	194	4532
新疆	11770	947	8.0	-251	454	13695

注：数据来源于2016年《城市（县城）客运统计》。

截至 2016 年年底,在我国 31 个省(自治区、直辖市)中,河南、山东、湖南、河北和山西是新能源运营车辆数占城市公共汽电车运营车辆总数比例最高的 5 个省份,其中河南最高,为 49.2%,山东、湖南分别为 47.6% 和 47.5%,河北、山西占比为 39.6% 和 35.9%。2016 年我国 31 个省(自治区、直辖市)公共汽电车新能源车辆占比情况详见图 4-3 和表 4-2。

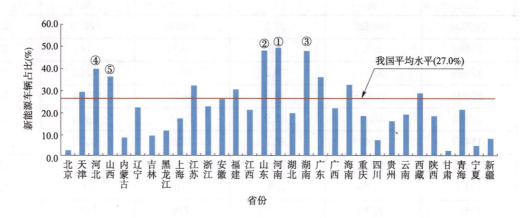

图 4-3 2016 年我国 31 个省(自治区、直辖市)城市公共汽电车新能源车辆占比情况

注:数据来源于 2016 年《城市(县城)客运统计》。

与 2015 年相比,新能源车辆占比增长比例排名前 5 的省份为山西、山东、河北、河南和湖南,其中山西 2016 年新能源车辆占比增长比例为 28.4%,山东、河北增长比例分别为 21.9% 和 15.8%,河南、湖南增长比例分别为 14.9% 和 14.8%。2016 年我国 31 个省(自治区、直辖市)公共汽电车新能源车辆占比增长情况详见图 4-4 和表 4-2。

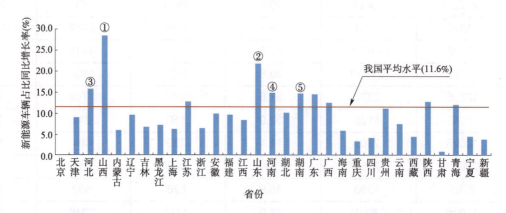

图 4-4 2016 年我国 31 个省(自治区、直辖市)公共汽电车新能源车辆占比增长情况

注:数据来源于 2016 年《城市(县城)客运统计》。

截至 2016 年年底,我国 36 个中心城市共有公共汽电车运营车辆 24.58 万辆,占我国城市公共汽电车运营车辆总数的 40.4%。万人公共汽电车保有量排名前 5 的城市分别为长沙、福州、大连、成都、乌鲁木齐,其中长沙排名第一,为 27.4 标台/万人。福州、大连分别为 20.5 标台/万人和 20.0 标台/万人。成都、乌鲁木齐分别为 19.8 标台/万人和 19.6 标台/万人。2016 年我国 36 个中心城市万人公共汽电车保有量情况和增长情况详见图 4-5、图 4-6 和表 4-3。

第四章 城市公共汽电车

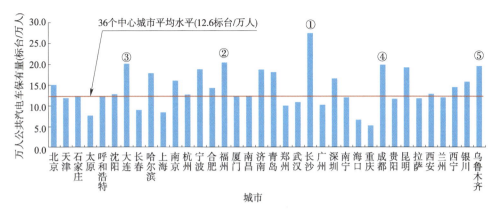

图 4-5 2016 年我国 36 个中心城市万人公共汽电车保有量情况

注：数据来源于 2016 年《城市（县城）客运统计》。

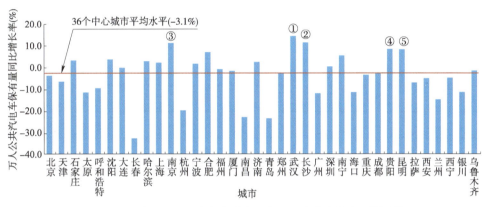

图 4-6 2016 年我国 36 个中心城市万人公共汽电车保有量增长情况

注：数据来源于 2016 年《城市（县城）客运统计》。

2016年我国36个中心城市万人公共汽电车保有量情况　　　　　表4-3

城市	市区人口（万人）	运营车辆标台数（标台）	万人公共汽电车保有量（标台/万人）
北京	2170.5	32685	15.1
天津	1238.6	14649	11.8
石家庄	470.8	5925	12.6
太原	376.0	2945	7.8
呼和浩特	188.1	2288	12.2
沈阳	582.0	7494	12.9
大连	329.9	6612	20.0
长春	519.6	4757	9.2
哈尔滨	530.5	9426	17.8
上海	2415.3	20659	8.6
南京	693.0	11139	16.1

续上表

城市	市区人口（万人）	运营车辆标台数（标台）	万人公共汽电车保有量（标台/万人）
杭州	845.1	10783	12.8
宁波	333.4	6282	18.8
合肥	440.3	6305	14.3
福州	262.3	5367	20.5
厦门	494.0	6093	12.3
南昌	329.5	4083	12.4
济南	369.7	6912	18.7
青岛	513.9	9258	18.0
郑州	828.2	8306	10.0
武汉	1060.8	11578	10.9
长沙	339.7	9300	27.4
广州	1648.5	16960	10.3
深圳	1137.9	18899	16.6
南宁	377.0	4544	12.1
海口	270.1	1836	6.8
重庆	2504.6	13557	5.4
成都	703.0	13899	19.8
贵阳	325.0	3812	11.7
昆明	407.1	7832	19.2
拉萨	56.8	674	11.9
西安	702.1	9018	12.8
兰州	268.8	3233	12.0
西宁	145.1	2099	14.5
银川	141.8	2246	15.8
乌鲁木齐	311.9	6104	19.6

注：城市人口数据来源于《中国城市建设统计年鉴（2015）》，其他数据来源于2016年《城市（县城）客运统计》。

截至2016年年底，我国新能源公交车辆占全国城市公共汽电车运营车辆总数的27.0%。36个中心城市中新能源公交车辆占比超过27.0%的城市为13个，低于27.0%的城市为23个。排名前5的城市分别为长沙、郑州、海口、深圳和福州。其中长沙最高，为76.3%，郑州、海口分别为72.7%和50.5%，深圳、福州分别为47.9%和41.2%。2016年我国36个中心城市公共汽电车新能源车辆占比情况详见图4-7和表4-4。

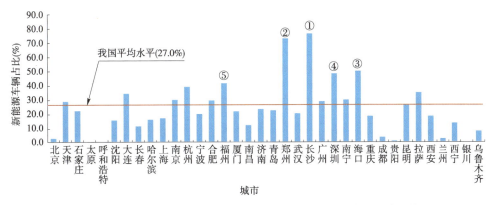

图 4-7 2016 年我国 36 个中心城市公共汽电车新能源公交车辆占比情况

注：数据来源于 2016 年《城市（县城）客运统计》。

2016年我国36个中心城市公共汽电车运营车辆发展情况　　　　表4-4

城市	运营车辆数（辆）		新增运营车辆数（辆）	
	新能源公交车辆数（辆）	占比（%）		新增新能源公交车辆数（辆）
北京	22688	596	2.6	−599	14
天津	12699	3712	29.2	1080	1360
石家庄	4882	1094	22.4	479	684
太原	2253	5	0.2	−248	0
呼和浩特	1769	0	0	−177	0
沈阳	5701	900	15.8	103	790
大连	5305	1813	34.2	1	354
长春	4505	533	11.8	−515	297
哈尔滨	7408	1209	16.3	485	599
上海	16693	2813	16.9	162	1086
南京	8907	2664	29.9	796	1430
杭州	8770	3451	39.4	702	703
宁波	5110	1010	19.8	383	448
合肥	4916	1449	29.5	232	269
福州	4386	1807	41.2	144	419
厦门	4819	1063	22.1	128	307
南昌	3423	426	12.4	118	−61
济南	5476	1295	23.6	192	316
青岛	7210	1632	22.6	462	492
郑州	6230	4529	72.7	9	512
武汉	8970	1821	20.3	669	929
长沙	7187	5484	76.3	1084	1214
广州	14074	4149	29.5	144	974

续上表

城市	运营车辆数（辆）			新增运营车辆数（辆）
	新能源公交车辆数（辆）	占比（%）		新增新能源公交车辆数（辆）
深圳	15483	7417	47.9	363	3798
南宁	3565	1069	30.0	444	513
海口	1597	807	50.5	-105	67
重庆	11832	2180	18.4	259	353
成都	11255	434	3.9	599	60
贵阳	3117	38	1.2	57	34
昆明	6517	1682	25.8	442	376
拉萨	522	183	35.1	36	36
西安	7698	1435	18.6	-74	1010
兰州	2680	80	3.0	-6	0
西宁	1687	233	13.8	-68	0
银川	1818	0	0	-131	0
乌鲁木齐	4668	387	8.3	-16	273

注：数据来源于2016年《城市（县城）客运统计》。

2016年，我国36个中心城市新能源公交车辆占比增长排名前5的城市分别为深圳、南京、沈阳、西安和石家庄。其中深圳增长比例最大，为24.0%，南京、沈阳增长比例分别为14.7%和13.8%，西安、石家庄增长比例分别为13.2%和13.1%。2016年我国36个中心城市公共汽电车新能源公交车辆占比增长情况详见图4-8和表4-4。

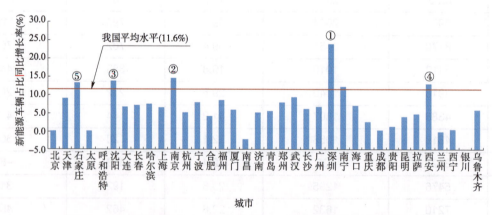

图4-8　2016年我国36个中心城市公共汽电车新能源车占比增长情况[1]

注：数据来源于2016年《城市（县城）客运统计》。

---

[1] 银川和呼和浩特2016年未使用新能源车，在图4-8中未体现以上2个城市的新能源车占比增长比例。

二、运营线路

截至 2016 年年底，我国共有城市公共汽电车运营线路 52789 条，比 2015 年增加 3884 条，增长比例为 7.9%。运营线路长度 98.12 万公里，比 2015 年增加 8.69 万公里，增长比例为 9.7%。公交专用道 9777.8 公里，比 2015 年增加 1208.7 公里，增长比例为 14.1%。我国共 26 个城市开通 BRT 线路，运营线路长度 3433.5 公里，比 2015 年增加 353.0 公里，增长比例为 11.5%。无轨电车运营线路长度为 924.0 公里，比 2015 年减少 20 公里，降幅为 2.1%。2016 年我国城市公共汽电车运营线路主要呈现以下特征：

（1）城市公共汽电车运营线路条数和长度继续保持增长态势。运营线路条数较 2015 年增加 3884 条，增长比例为 7.9%；运营线路长度较 2015 年增加 8.69 万公里，增长比例为 9.7%。

（2）城市公共汽电车平均线路长度略有上升。2016 年我国公共汽电车平均线路长度为 18.6 公里/条，较 2015 年上升 0.3 公里/条。

2016 年我国 31 个省（自治区、直辖市）城市公共汽电车运营线路条数排名前 5 的省份分别为广东、浙江、山东、江苏和四川，其中广东为 5231 条，浙江、山东分别为 4603 条和 4407 条，江苏、四川分别为 3769 条和 2748 条。2016 年我国 31 个省（自治区、直辖市）城市公共汽电车运营线路条数情况详见图 4-9 和表 4-5。

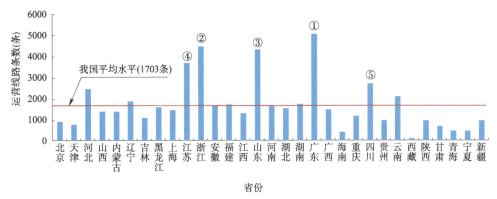

图 4-9　2016 年我国 31 个省（自治区、直辖市）城市公共汽电车运营线路条数情况

注：数据来源于 2016 年《城市（县城）客运统计》。

2016 年我国 31 个省（自治区、直辖市）公共汽电车线路情况　　表 4-5

地区	运营线路长度（公里）	公交专用道长度（公里）	新增运营线路长度（公里）	新增公交专用道长度（公里）	运营线路条数（条）	新增运营线路条数（条）
合计	981192	9778	86860	1209	52789	3884
北京	19818	845	-368	104	876	0
天津	17757	65	1891	0	763	48
河北	47367	27	6513	4	2516	156
山西	25529	391	4700	174	1372	185
内蒙古	34416	189	7297	37	1358	179
辽宁	33073	812	936	163	1900	40
吉林	15446	194	1152	33	1064	37

续上表

地区	运营线路长度（公里）	公交专用道长度（公里）	新增运营线路长度（公里）	新增公交专用道长度（公里）	运营线路条数（条）	新增运营线路条数（条）
黑龙江	28995	77	1628	0	1581	113
上海	24169	325	142	13	1457	28
江苏	68487	1035	4864	22	3769	260
浙江	82183	805	10964	126	4603	520
安徽	28385	150	3487	29	1640	157
福建	29618	206	2175	48	1706	110
江西	22512	62	1443	16	1253	95
山东	111912	1023	16545	166	4407	473
河南	27422	201	1542	77	1669	58
湖北	22542	424	−2131	138	1564	78
湖南	27030	338	2723	−37	1734	146
广东	106807	1224	6719	50	5231	231
广西	25702	235	4249	16	1489	202
海南	7231	25	35	0	366	16
重庆	16761	0	1011	−26	1145	87
四川	40226	525	3235	26	2748	257
贵州	12627	33	2085	9	961	166
云南	44096	96	10	11	2121	93
西藏	1344	0	19	0	74	1
陕西	16815	261	1344	−9	962	78
甘肃	10178	9	909	0	672	9
青海	9432	0	734	0	447	19
宁夏	8046	75	97	1	422	−9
新疆	15266	126	909	19	919	51

注：数据来源于2016年《城市（县城）客运统计》。

与2015年相比，运营线路数增长比例排名前5的省（自治区）为贵州、广西、山西、内蒙古和浙江，其中贵州为20.9%，广西、山西分别为15.7%和15.6%，内蒙古、浙江分别为15.2%和12.7%。2016年我国31个省（自治区、直辖市）城市公共汽电车运营线路条数增长情况详见图4-10和表4-5。

第四章 城市公共汽电车

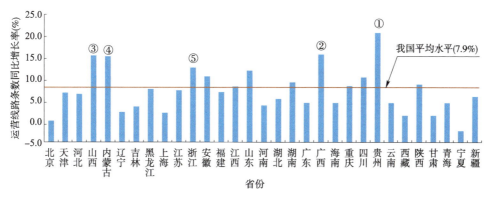

图 4-10　2016 年我国 31 个省（自治区、直辖市）城市公共汽电车运营线路条数增长情况

注：数据来源于 2016 年《城市（县城）客运统计》。

截至 2016 年年底，我国 31 个省（自治区、直辖市）城市公共汽电车运营线路长度排名前 5 的省分别为山东、广东、浙江、江苏和河北，其中山东为 111912 公里，广东、浙江分别为 106807 公里和 82183 公里，江苏、河北分别为 68487 公里和 47367 公里。2016 年我国 31 个省（自治区、直辖市）城市公共汽电车运营线路长度情况详见图 4-11 和表 4-5。

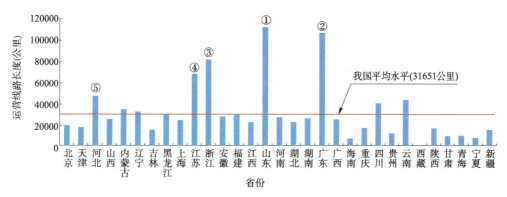

图 4-11　2016 年我国 31 个省（自治区、直辖市）城市公共汽电车运营线路长度情况

注：数据来源于 2016 年《城市（县城）客运统计》。

与 2015 年相比，运营线路长度增长比例排名前 5 的省（自治区）为内蒙古、山西、广西、贵州和山东，其中内蒙古为 26.9%，山西、广西分别为 22.6% 和 19.8%，贵州、山东分别为 19.8% 和 17.3%。2016 年全国 31 个省（自治区、直辖市）城市公共汽电车运营线路长度增长比例情况详见图 4-12 和表 4-5。

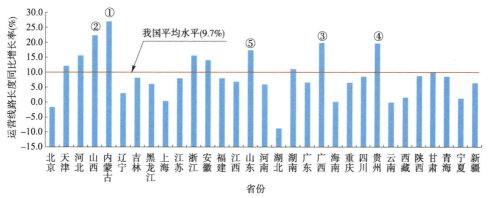

图 4-12　2016 年我国 31 个省（自治区、直辖市）公共汽电车运营线路长度增长情况

注：数据来源于 2016 年《城市（县城）客运统计》。

截至2016年年底,我国36个中心城市公共汽电车运营线路长度为27.5万公里,占我国城市公共汽电车运营线路总长度的28.0%。2016年我国36个中心城市公共汽电车线路情况详见表4-6。

2016年我国36个中心城市公共汽电车线路情况　　　　　　　　表4-6

城市	运营线路长度（公里）	公交专用道（公里）	新增运营线路长度（公里）	新增公交专用道（公里）	运营线路条数（条）	新增运营线路条数（条）
北京	19818	845	-368	104	876	0
天津	17757	65	1891	0	763	48
石家庄	3715	18	-87	4	226	-3
太原	3250	295	76	166	197	4
呼和浩特	2154	107	152	37	109	4
沈阳	4341	260	61	63	224	-5
大连	4541	261	259	1	266	20
长春	4618	161	155	20	265	0
哈尔滨	5435	66	349	0	289	34
上海	24169	325	142	13	1457	28
南京	9843	152	558	15	612	32
杭州	13866	164	1833	10	758	42
宁波	9467	117	227	15	475	28
合肥	3240	62	412	20	211	25
福州	4457	124	229	45	244	9
厦门	7083	54	667	0	388	31
南昌	4724	28	311	11	258	27
济南	4765	191	348	12	262	9
青岛	8932	166	630	32	451	34
郑州	4600	121	222	39	311	5
武汉	6001	287	-2143	132	489	22
长沙	4519	190	960	60	214	34
广州	20831	458	1434	0	1182	24
深圳	21177	479	616	15	976	73
南宁	3802	47	602	15	203	34
海口	2411	25	146	0	111	5
重庆	14352	0	1010	-14	946	80
成都	8347	432	385	0	611	66
贵阳	4412	13	593	0	278	31
昆明	12855	95	-152	10	532	-7
拉萨	667	0	0	0	34	0
西安	6398	239	189	0	280	12
兰州	1769	9	22	0	127	-1
西宁	1420	0	217	0	94	10
银川	2230	75	251	1	123	14
乌鲁木齐	3175	121	104	19	182	14

注：数据来源于2016年《城市（县城）客运统计》。

三、场站设施

截至2016年年底，我国公共汽电车场站面积为7715.1万平方米，较2015年增长722.4万平方米。2016年我国城市公共汽电车场站设施主要呈现以下特征：

（1）城市公共汽电车场站面积继续保持增长。2016年我国新增城市公共汽电车场站面积722.4万平方米，增长比例为10.3%，比2015年提高1.4个百分点。

（2）城市公共汽电车场车均场站面积略有提升，从2015年的110.49平方米/标台提高至2016年的112.26平方米/标台，增长比例为1.6%。

2016年，我国31个省（自治区、直辖市）中城市公共汽电车场站面积排名前5的省份分别为山东、广东、江苏、浙江和河南，其中山东为735.3万平方米，广东、江苏分别为727.6万平方米和655.4万平方米，浙江、河南分别为522.6万平方米和405.9万平方米。2016年我国31个省（自治区、直辖市）城市公共汽电车场站面积情况详见图4-13和表4-7。

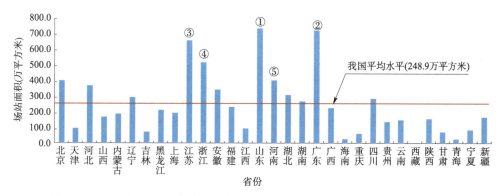

图4-13　2016年我国31个省（自治区、直辖市）城市公共汽电车场站面积情况

注：数据来源于2016年《城市（县城）客运统计》。

2016年我国31个省（自治区、直辖市）城市公共汽电车场站设施情况　　表4-7

地区	场站面积（万平方米）	车均场站面积（平方米/标台）	新增场站面积（万平方米）	新增车均场站面积（平方米/标台）
合计	7715.1	112.3	722.4	1.8
北京	402.0	123.0	−115.4	−30.5
天津	100.1	68.3	16.0	2.3
河北	369.5	120.4	57.5	4.5
山西	168.8	117.1	35.7	2.4
内蒙古	186.9	158.2	24.3	3.5
辽宁	297.1	105.3	26.9	6.6
吉林	71.5	59.2	2.9	5.3
黑龙江	215.7	99.4	2.4	−4.2
上海	197.5	95.6	13.5	5.2
江苏	655.4	129.2	93.5	10.0
浙江	522.6	133.1	70.0	7.7
安徽	340.1	146.2	36.4	4.3

续上表

地区	场站面积（万平方米）	车均场站面积（平方米/标台）	新增场站面积（万平方米）	新增车均场站面积（平方米/标台）
福建	234.2	115.2	33.4	8.3
江西	96.5	80.9	11.1	2.5
山东	735.3	115.4	87.7	-10.8
河南	405.9	137.1	89.0	21.2
湖北	313.4	122.6	29.4	0.3
湖南	269.3	96.5	38.0	3.1
广东	727.6	105.5	60.3	-0.5
广西	225.6	163.1	79.6	45.2
海南	29.0	78.0	1.1	2.2
重庆	60.0	40.8	3.1	0.4
四川	285.2	84.3	5.9	-1.5
贵州	137.4	141.7	21.5	11.3
云南	151.0	93.5	2.6	-6.5
西藏	4.6	56.5	0	-4.1
陕西	157.0	96.0	-3.2	-7.4
甘肃	71.3	93.5	-1.6	-4.3
青海	30.8	75.6	-3.0	-11.2
宁夏	87.2	192.4	6.8	16.0
新疆	166.7	121.7	-2.8	-0.7

注：数据来源于2016年《城市（县城）客运统计》。

与2015年相比，我国31个省（自治区、直辖市）中城市公共汽电车场站面积增长比例排前5的省（直辖市）分别为广西、河南、山西、天津和贵州，其中广西为54.5%；河南、山西分别为28.1%和26.8%，天津、贵州分别为19.0%和18.6%。2016年我国31个省（自治区、直辖市）城市公共汽电车场站面积增长情况详见图4-14和表4-7。

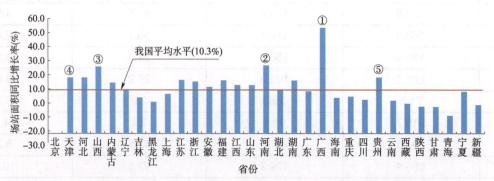

图4-14 2016年我国31个省（自治区、直辖市）城市公共汽电车场站面积增长情况

注：数据来源于2016年《城市（县城）客运统计》。

截至 2016 年年底，我国城市公共汽电车车均场站面积为 112.3 平方米／标台，为《城市道路公共交通站、场、厂工程设计规范》(CJJ/T 15—2001) 推荐面积（200 平方米／标台）的 56.1%。我国 36 个中心城市公共汽电车车均场站面积超过我国平均水平的有 12 个城市，车均场站面积排名前 5 的城市为呼和浩特、宁波、银川、郑州和石家庄，其中呼和浩特最大，为 233.0 平方米／标台，宁波、银川车均场站面积分别为 223.5 平方米／标台和 196.8 平方米／标台，郑州、石家庄分别为 173.9 平方米／标台和 162.9 平方米／标台。2016 年我国 36 个中心城市公共汽电车车均场站面积情况详见图 4-15 和表 4-8。

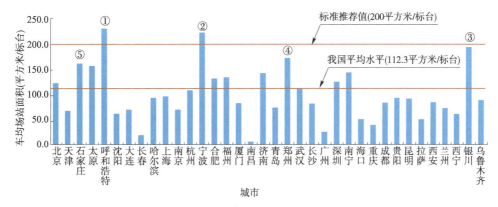

图 4-15　2016 年我国 36 个中心城市公共汽电车车均场站面积情况

注：数据来源于 2016 年《城市（县城）客运统计》。

2016年我国36个中心城市公共汽电车场站设施情况　　　　表4-8

城市	场站面积（万平方米）	车均场站面积（平方米／标台）	新增场站面积（万平方米）	新增车均场站面积（平方米／标台）
北京	402.0	123.0	−115.4	−30.5
天津	100.1	68.3	16.0	2.3
石家庄	96.5	162.9	14.3	19.3
太原	46.1	156.5	2.7	23.0
呼和浩特	53.3	233.0	0	22.9
沈阳	46.3	61.8	6.9	7.6
大连	46.9	70.9	4.5	6.5
长春	9.6	20.2	0.1	3.5
哈尔滨	88.6	94.0	1.1	−5.9
上海	197.5	95.6	13.5	5.2
南京	79.8	71.6	19.8	11.5
杭州	117.2	108.7	4.1	−4.2
宁波	140.4	223.5	37.0	45.8
合肥	84.2	133.5	0	−6.0
福州	72.2	134.5	11.1	15.7
厦门	50.2	82.4	17.8	27.2
南昌	2.9	7.1	−0.4	−1.0

续上表

城市	场站面积（万平方米）	车均场站面积（平方米/标台）	新增场站面积（万平方米）	新增车均场站面积（平方米/标台）
济南	99.9	144.5	5.0	2.9
青岛	69.3	74.9	-3.6	-8.7
郑州	144.4	173.9	16.0	19.1
武汉	127.6	110.2	7.8	-12.1
长沙	76.8	82.6	3.2	-10.9
广州	43.6	25.7	-119.9	-75.3
深圳	236.8	125.3	47.0	19.5
南宁	65.8	144.8	32.5	62.9
海口	9.3	50.7	-3.1	-9.7
重庆	56.2	41.5	3.9	0.8
成都	117.8	84.8	4.3	1.5
贵阳	35.8	93.9	0.1	-3.3
昆明	72.5	92.6	-0.7	-7.7
拉萨	3.4	50.4	0	-3.8
西安	77.3	85.7	-15.3	-16.6
兰州	24.0	74.2	-0.1	-4.8
西宁	12.9	61.5	-5.7	-23.8
银川	44.2	196.8	-4.0	-4.2
乌鲁木齐	54.1	88.6	2.8	4.8

注：数据来源于2016年《城市（县城）客运统计》。

与2015年相比，我国36个中心城市公共汽电车车均场站面积增长比例排名前5的城市为南宁、厦门、宁波、长春和南京，其中南宁最高，为76.8%，厦门、宁波分别为49.2%和25.8%，长春、南京分别为20.9%和19.1%。2016年我国36个中心城市公共汽电车车均场站面积增长情况详见图4-16和表4-8。

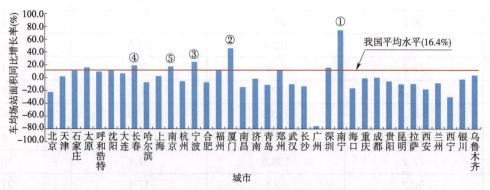

图4-16 2016年我国36个中心城市公共汽电车车均场站面积增长情况

注：数据来源于2016年《城市（县城）客运统计》。

第二节　经营主体

截至 2016 年年底，我国城市公共汽电车经营业户共计 3887 户，从业人员共计 135.26 万人。2016 年我国城市公共汽电车经营主体主要呈现以下特征：

（1）城市公共汽电车经营业户和从业人员数较 2015 年小幅增长。其中经营业户增加 43 户，增长比例为 1.1%，从业人员增加 2.03 万人，增长比例为 1.5%。

（2）城市公共汽电车从业人员数与运营车辆数的比值呈下降趋势。2016 年我国公共汽电车从业人员数与运营车辆数的比值为 2.2 人/辆，较 2015 年下降 0.2 人/辆。我国城市公共汽电车驾驶员数与运营车辆数的比值为 1.4 人/辆。

截至 2016 年年底，我国 31 个省（自治区、直辖市）城市公共汽电车经营业户数排名前 5 的省份为广东、山东、黑龙江、内蒙古和四川，其中广东最多，为 261 户，山东、黑龙江分别为 256 户和 250 户，内蒙古、四川同为 235 户。2016 年我国 31 个省（自治区、直辖市）城市公共汽电车经营业户数情况详见图 4-17 和表 4-9。

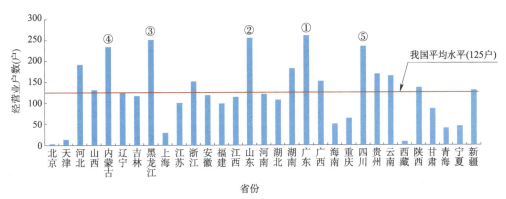

图 4-17　2016 年我国 31 个省（自治区、直辖市）城市公共汽电车经营业户数情况

注：数据来源于 2016 年《城市（县城）客运统计》。

2016年我国31个省（自治区、直辖市）公共汽电车经营主体发展情况　　　　表4-9

地　区	公共汽电车经营业户数（户）						从业人员数（人）	驾驶员数（人）	从业人员数与运营车辆数的人车比（人/辆）	驾驶员数与运营车辆数的人车比（人/辆）
		国有企业	国有控股企业	私营企业	个体经营业户	其他				
合计	3887	997	416	2055	263	156	1352561	839275	2.2	1.4
北京	2	1	1	0	0	0	79202	41944	3.5	1.8
天津	12	11	0	1	0	0	20941	14599	1.6	1.1
河北	193	28	16	128	0	21	56744	33993	1.9	1.1
山西	131	26	10	85	7	3	31949	16911	2.5	1.3
内蒙古	235	13	10	128	84	0	25667	16308	2.2	1.4
辽宁	123	39	20	62	1	1	55959	28285	2.4	1.2
吉林	120	17	5	77	11	10	28089	14719	2.3	1.2

续上表

地区	公共汽电车经营业户数（户）					从业人员数（人）	驾驶员数（人）	从业人员数与运营车辆数的人车比（人/辆）	驾驶员数与运营车辆数的人车比（人/辆）
	国有企业	国有控股企业	私营企业	个体经营业户	其他				
黑龙江	250	23	2	176	45	4	37932	22115	1.9	1.1
上海	28	0	19	0	0	9	56749	31094	3.4	1.9
江苏	100	50	22	21	5	2	89049	57759	2.1	1.4
浙江	152	77	18	53	0	4	77650	49400	2.2	1.4
安徽	120	37	26	50	0	7	40345	25381	2.0	1.3
福建	99	48	27	23	0	1	35437	23717	1.9	1.3
江西	115	29	18	66	0	2	20228	13583	1.9	1.3
山东	256	102	26	120	0	8	103877	67153	1.8	1.1
河南	121	55	14	45	1	6	56536	35966	2.1	1.3
湖北	110	47	11	43	1	8	59413	35243	2.7	1.6
湖南	183	56	19	99	0	9	49442	32292	2.0	1.3
广东	261	59	33	151	0	18	149412	96700	2.4	1.6
广西	151	14	7	124	0	6	23861	17178	1.9	1.3
海南	50	14	5	29	1	1	7158	4713	2.0	1.3
重庆	65	31	8	25	0	1	34870	23716	2.7	1.8
四川	235	38	39	116	23	19	60789	40282	2.1	1.4
贵州	169	51	5	67	46	0	22308	14042	2.6	1.6
云南	166	35	24	107	0	0	28280	21458	1.8	1.3
西藏	7	6	0	0	1	0	1528	907	2.3	1.4
陕西	136	29	13	88	0	6	37500	21785	2.6	1.5
甘肃	85	12	5	61	2	5	18898	11939	2.5	1.6
青海	39	11	1	22	0	5	8305	5319	2.2	1.4
宁夏	43	8	0	34	1	0	8948	5419	2.2	1.3
新疆	130	30	12	54	34	0	25495	15355	2.2	1.3

注：数据来源于2016年《城市（县城）客运统计》。

截至2016年年底，我国31个省（自治区、直辖市）城市公共汽电车从业人员数排名前5的省（直辖市）为广东、山东、江苏、北京和浙江，其中广东最多，为14.94万人，山东、江苏分别为10.39万人和8.90万人，北京、浙江分别为7.92万人和7.77万人。2016年我国31个省（自治区、直辖市）城市公共汽电车从业人员数情况详见图4-18和表4-9。

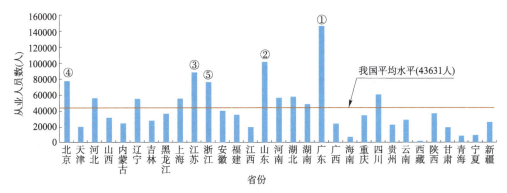

图 4-18　2016 年我国 31 个省（自治区、直辖市）城市公共汽电车从业人员数情况

注：数据来源于 2016 年《城市（县城）客运统计》。

截至 2016 年年底，我国 31 个省（自治区、直辖市）城市公共汽电车驾驶员数排名前 5 的省（直辖市）为广东、山东、江苏、浙江和北京，其中广东最多，为 9.67 万人，山东、江苏分别为 6.72 万人和 5.78 万人，浙江、北京为 4.94 万人和 4.19 万人。2016 年我国 31 个省（自治区、直辖市）城市公共汽电车驾驶员数情况详见图 4-19 和表 4-9。

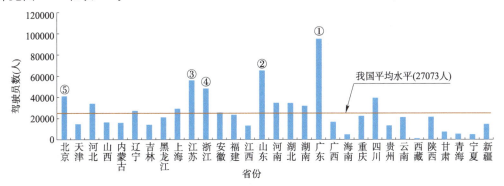

图 4-19　2016 年我国 31 个省（自治区、直辖市）城市公共汽电车驾驶员数情况

注：数据来源于 2016 年《城市（县城）客运统计》。

截至 2016 年年底，我国城市公共汽电车从业人员数与运营车辆数的比值为 2.2 人/辆，我国 36 个中心城市中共有 23 个城市高于 2.2 人/辆，2 个城市等于 2.2 人/辆，11 个城市低于 2.2 人/辆。最高的 5 个城市为太原、呼和浩特、北京、武汉和兰州，最低的 5 个城市为天津、长沙、成都、南昌和成都。2016 年我国 36 个中心城市公共汽电车从业人员数与运营车辆数的比值情况详见图 4-20 和表 4-10。

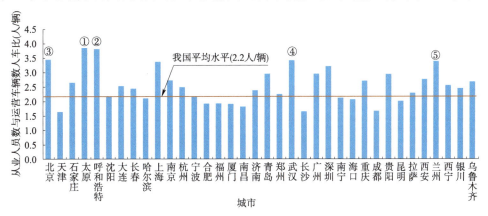

图 4-20　2016 年我国 36 个中心城市公共汽电车从业人员数与运营车辆数的人车比情况

注：数据来源于 2016 年《城市（县城）客运统计》。

2016年我国36个中心城市公共汽电车经营主体发展情况 表4-10

城市	经营业户数（户）	从业人员数（人）	从业人员数与运营车辆数的人车比（人/辆）
北京	2	79202	3.5
天津	12	20941	1.6
石家庄	1	13126	2.7
太原	1	8809	3.9
呼和浩特	1	6806	3.8
沈阳	17	12575	2.2
大连	16	13524	2.5
长春	26	11108	2.5
哈尔滨	42	15652	2.1
上海	28	56749	3.4
南京	3	24545	2.8
杭州	8	22178	2.5
宁波	7	11026	2.2
合肥	4	9567	1.9
福州	5	8443	1.9
厦门	2	9385	1.9
南昌	1	6235	1.8
济南	5	13158	2.4
青岛	5	21589	3.0
郑州	1	14135	2.3
武汉	8	31080	3.5
长沙	5	11852	1.6
广州	32	41911	3.0
深圳	18	50310	3.2
南宁	9	7599	2.1
海口	3	3368	2.1
重庆	41	32129	2.7
成都	8	19094	1.7
贵阳	53	9277	3.0
昆明	9	13079	2.0
拉萨	1	1192	2.3
西安	24	21452	2.8
兰州	4	9157	3.4
西宁	4	4350	2.6
银川	1	4508	2.5
乌鲁木齐	8	12640	2.7

注：数据来源于2016年《城市（县城）客运统计》。

第三节 运营指标

截至 2016 年年底,我国城市公共汽电车运营里程为 358.32 亿公里。2016 年我国城市公共汽电车运营里程主要呈现以下特征:

(1) 城市公共汽电车运营里程略有上升。2016 年我国城市公共汽电车运营里程 358.32 亿公里,较 2015 年增加 5.99 亿公里,增长比例为 1.7%。

(2) 城市公共汽电车车均年运营里程呈下降趋势。2016 年我国城市公共汽电车车均年运营里程为 5.89 万公里,比 2015 年降低 0.38 万公里,降幅为 6.1%。

截至 2016 年年底,我国城市公共汽电车共完成客运量 745.35 亿人次,占城市客运系统客运量的 58.0%。2016 年我国城市公共汽电车客运量主要呈现以下特征:

(1) 城市公共汽电车客运量继续降低。2016 年我国城市公共汽电车客运量较 2015 年减少 20.05 亿人次,降幅为 2.6%。城市公共汽电车客运量占城市客运总量的比例从 2015 年的 58.8% 降至 2016 年的 58.0%。

(2) 城市公共汽电车单位运营里程载客数继续降低。2016 年我国城市公共汽电车单位运营里程载客数为 2.08 人次/公里,较 2015 年的 2.17 人次/公里下降 0.09 人次/公里,降幅为 4.1%。

(3) 城市公共汽电车公共交通一卡通使用率持续上升。2016 年使用公共交通一卡通的公共汽电车客运量为 351.03 亿人次,较 2015 年提高 7.85 亿人次,增长比例为 2.3%。使用公共交通一卡通的公共汽电车客运量占公共汽电车客运总量的比例从 2015 年的 44.8% 提升至 2016 年的 47.1%。

截至 2016 年年底,我国 31 个省(自治区、直辖市)城市中公共汽电车运营里程排名前 5 的省份为广东、山东、江苏、浙江和湖南。其中广东最高,为 43.68 亿公里,山东、江苏分别为 27.32 亿公里和 24.90 亿公里,浙江、湖南分别为 22.58 亿公里和 16.64 亿公里。2016 年我国 31 个省(自治区、直辖市)城市公共汽电车运营里程情况详见图 4-21 和表 4-11。

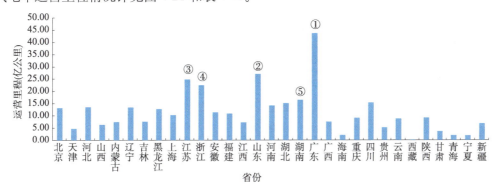

图 4-21 2016 年我国 31 个省(自治区、直辖市)公共汽电车运营里程情况

注:数据来源于 2016 年《城市(县城)客运统计》。

2016年我国31个省(自治区、直辖市)城市公共汽电车运营情况　　表4-11

地区	运营里程（万公里）	客运量（万人次）	使用公共交通一卡通的公共汽电车客运量（万人次）	使用公共交通一卡通的公共汽电车客运量比例（%）	单位运营里程载客数（人/公里）
合计	3583218	7453529	3510323	47.1	2.1
北京	133630	369019	248765	67.4	2.8

续上表

地区	运营里程（万公里）	客运量（万人次）	使用公共交通一卡通的公共汽电车客运量（万人次）	使用公共交通一卡通的公共汽电车客运量比例（%）	单位运营里程载客数（人/公里）
天津	47503	149935	87081	58.1	3.2
河北	136891	209596	70241	33.5	1.5
山西	63867	151199	51109	33.8	2.4
内蒙古	76439	136933	56760	41.5	1.8
辽宁	135650	394314	158235	40.1	2.9
吉林	76512	172093	47017	27.3	2.2
黑龙江	131581	266009	81987	30.8	2.0
上海	103963	239112	187923	78.6	2.3
江苏	249004	464564	248426	53.5	1.9
浙江	225835	380455	215681	56.7	1.7
安徽	114043	224882	101666	45.2	2.0
福建	108907	241201	94377	39.1	2.2
江西	74832	128619	48501	37.7	1.7
山东	273183	423776	189420	44.7	1.6
河南	142170	264703	90004	34.0	1.9
湖北	152734	339356	194942	57.4	2.2
湖南	166438	319743	91925	28.7	1.9
广东	436829	698673	433731	62.1	1.6
广西	75862	139583	26254	18.8	1.8
海南	25512	48240	4367	9.1	1.9
重庆	90695	270831	179560	66.3	3.0
四川	154290	413367	193046	46.7	2.7
贵州	52928	182464	33652	18.4	3.4
云南	90909	174679	73728	42.2	1.9
西藏	3373	9177	1658	18.1	2.7
陕西	93197	252910	146700	58.0	2.7
甘肃	37106	131224	57438	43.8	3.5
青海	20350	46145	26919	58.3	2.3
宁夏	20818	45049	20901	46.4	2.2
新疆	68166	165675	48310	29.2	2.4

注：数据来源于2016年《城市（县城）客运统计》。

截至 2016 年年底，我国 31 个省（自治区、直辖市）中城市公共汽电车客运量排名前 5 的省份为广东、江苏、山东、四川和辽宁。其中广东最高，为 69.87 亿人次，江苏、山东分别为 46.46 亿人次和 42.38 亿人次，四川、辽宁分别为 41.34 亿人次和 39.43 亿人次。2016 年我国 31 个省（自治区、直辖市）城市公共汽电车客运量情况详见图 4-22 和表 4-11。

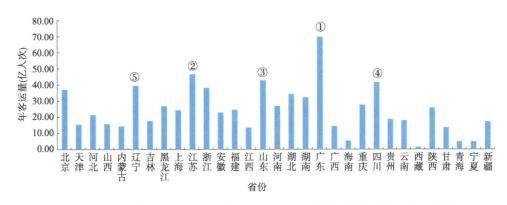

图 4-22　2016 年我国 31 个省（自治区、直辖市）城市公共汽电车客运量情况

注：数据来源于 2016 年《城市（县城）客运统计》。

2016 年，我国使用公共交通一卡通的公共汽电车客运量占公共汽电车客运总量比例为 47.1%。31 个省（自治区、直辖市）中高于我国平均水平的有 10 个，低于我国平均水平的有 21 个。排名前 5 的省（直辖市）是上海、北京、重庆、广东和青海，其中上海最高，为 78.6%，北京、重庆分别为 67.4% 和 66.3%，广东、青海分别为 62.1% 和 58.3%。2016 年我国 31 个省（自治区、直辖市）使用公共交通一卡通的公共汽电车客运量占公共汽电车客运总量的比例情况详见图 4-23 和表 4-11。

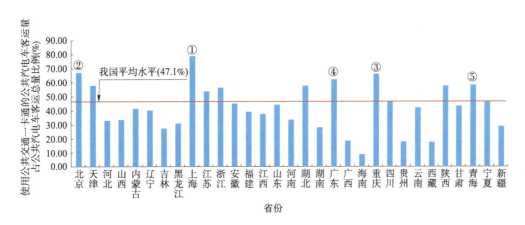

图 4-23　2016 年我国 31 个省（自治区、直辖市）
使用公共交通一卡通的公共汽电车客运量占公共汽电车客运量比例情况

注：数据来源于 2016 年《城市（县城）客运统计》。

2016 年我国城市公共汽电车单位运营里程载客数为 2.1 人次/公里。31 个省（自治区、直辖市）中高于我国平均水平的有 17 个，低于我国平均水平的有 14 个。单位运营里程载客数排名前 5 的省（直辖市）是甘肃、贵州、天津、重庆和辽宁，其中甘肃最高，为 3.5 人次/公里，贵州、天津分别为 3.4 人次/公里和 3.2 人次/公里，重庆、辽宁分别为 3.0 人次/公里和 2.9 人次/公里。2016 年我国 31 个省（自治区、直辖市）城市公共汽电车单位运营里程载客数情况详见图 4-24 和表 4-11。

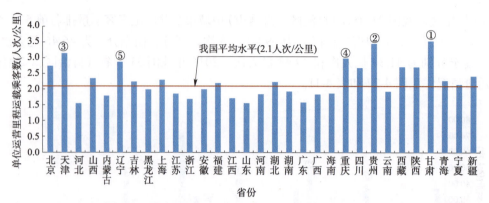

图 4-24　2016 年我国 31 个省（自治区、直辖市）城市公共汽电车单位运营里程载客数情况

注：数据来源于 2016 年《城市（县城）客运统计》。

2016 年，我国城市公共汽电车车均年运营里程为 5.89 万公里 / 辆，我国 36 个中心城市中高于我国平均水平的城市有 14 个，低于我国平均水平的城市有 22 个。城市公共汽电车车均年运营里程排名前 5 的城市为南昌、呼和浩特、哈尔滨、广州和海口，其中南昌排名最高，为 9.28 万公里 / 辆，呼和浩特和哈尔滨分别为 9.05 万公里 / 辆和 7.94 万公里 / 辆，广州和海口分别为 7.60 万公里 / 辆和 7.31 万公里 / 辆。2016 年我国 36 个中心城市公共汽电车车均年运营里程情况详见图 4-25 和表 4-12。

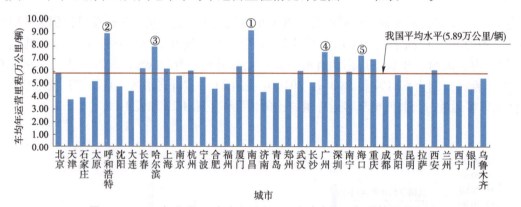

图 4-25　2016 年我国 36 个中心城市公共汽电车车均年运营里程情况

注：数据来源于 2016 年《城市（县城）客运统计》。

2016年我国36个中心城市公共汽电车运营情况　　　　　　表4-12

| 城市 | 运营里程（万公里） | 客运量（万人次） | 使用公共交通一卡通的公共汽电车客运量比例（%） | 车均年客运量（万人次/辆） | 单位运营里程载客数（人/公里） |
		使用公共交通一卡通的公共汽电车客运量（万人次）			
北京	133630	369019	248765	67.4	16.26	2.8
天津	47503	149935	87081	58.1	11.81	3.2
石家庄	18986	54600	25000	45.8	11.18	2.9
太原	11609	43515	34425	79.1	19.31	3.7
呼和浩特	16007	41474	25082	60.5	23.44	2.6
沈阳	27203	98186	55533	56.6	17.22	3.6
大连	23356	93311	49488	53.0	17.59	4.0

续上表

城市	运营里程（万公里）	客运量（万人次）	使用公共交通一卡通的公共汽电车客运量（万人次）	使用公共交通一卡通的公共汽电车客运量比例（%）	车均年客运量（万人次/辆）	单位运营里程载客数（人/公里）
长春	27972	69337	21294	30.7	15.39	2.5
哈尔滨	58844	134330	55028	41.0	18.13	2.3
上海	103963	239112	187923	78.6	14.32	2.3
南京	50510	92723	78227	84.4	10.41	1.8
杭州	52939	141441	105291	74.4	16.13	2.7
宁波	28407	41963	34081	81.2	8.21	1.5
合肥	22680	60270	33007	54.8	12.26	2.7
福州	21886	53316	14112	26.5	12.16	2.4
厦门	31006	88492	56752	64.1	18.36	2.9
南昌	31757	42580	25653	60.2	12.44	1.3
济南	23743	74086	37654	50.8	13.53	3.1
青岛	36695	99596	65951	66.2	13.81	2.7
郑州	28474	91039	39527	43.4	14.61	3.2
武汉	54761	147388	105209	71.4	16.43	2.7
长沙	36652	68162	46638	68.4	9.48	1.9
广州	106938	241558	192721	79.8	17.16	2.3
深圳	111749	186799	122980	65.8	12.06	1.7
南宁	21132	44287	9418	21.3	12.42	2.1
海口	11670	29466	2532	8.6	18.45	2.5
重庆	82679	250283	175626	70.2	21.15	3.0
成都	44794	155108	116850	75.3	13.78	3.5
贵阳	17936	59737	9657	16.2	19.16	3.3
昆明	31272	88394	52451	59.3	13.56	2.8
拉萨	2623	8208	1633	19.9	15.72	3.1
西安	47020	147089	104493	71.0	19.11	3.1
兰州	13346	78637	36785	46.8	29.34	5.9
西宁	8216	35821	24215	67.6	21.23	4.4
银川	8444	31025	19476	62.8	17.07	3.7
乌鲁木齐	25610	85920	27635	32.2	18.41	3.4

注：数据来源于2016年《城市（县城）客运统计》。

2016年，我国公共汽电车车均年客运量为12.25万人次/辆。我国36个中心城市中高于我国平均水平的城市有29个，低于我国平均水平的城市有7个。城市公共汽电车车均年客运量排名前5的城市为兰州、呼和浩特、西宁、重庆和太原，其中兰州最高，为29.34万人次/辆，呼和浩特和西宁分别为23.44万人次和21.23万人次/辆，重庆和太原分别为21.15万人次/辆和19.31万人次/辆。2016年我国36个中心城市公共汽电车车均客运量情况详见图4-26和表4-12。

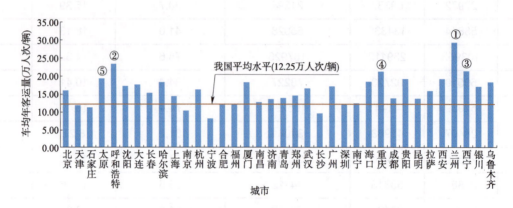

图4-26　2016年我国36个中心城市公共汽电车车均客运量情况

注：数据来源于2016年《城市（县城）客运统计》。

2016年，我国36个中心城市中有25个城市使用公共交通一卡通的公共汽电车客运量占公共汽电车客运总量比例高于我国平均水平，11个城市低于我国平均水平，排名前5的城市为南京、宁波、广州、太原和上海。其中南京最高，达84.4%，宁波、广州分别为81.2%和79.8%，太原、上海分别为79.1%和78.6%。2016年我国36个中心城市使用公共交通一卡通的公共汽电车客运量占公共汽电车客运总量比例情况详见图4-27和表4-12。

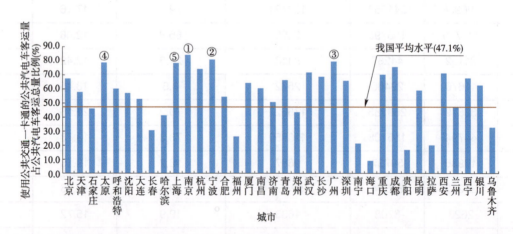

图4-27　2016年我国36个中心城市使用公共交通一卡通的公共汽电车客运量占公共汽电车客运总量比例情况

注：数据来源于2016年《城市（县城）客运统计》。

2016年，我国城市公共汽电车单位运营里程载客数为2.1人次/公里，我国36个中心城市中高于我国平均水平的有31个，低于我国平均水平的有5个。排名前5的城市为兰州、西宁、大连、太原和银川，其中兰州最高，为5.9人次/公里，西宁、大连分别为4.4人次/公里和4.0人次/公里，太原、银川分别为3.7人次/公里和3.6人次/公里。2016年我国36个中心城市公共汽电车单位运营里程运载乘客数情况详见图 4-28 和表 4-12。

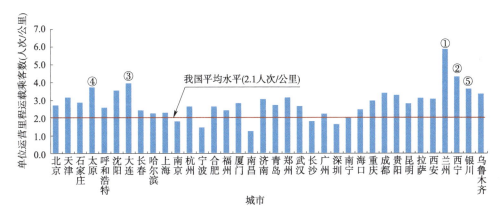

图 4-28　2016 年我国 36 个中心城市公共汽电车单位运营里程运载乘客数情况

注：数据来源于 2016 年《城市（县城）客运统计》。

第四节　快速公交系统（BRT）

一、城市分布

截至 2016 年年底，我国有北京、大连、常州、连云港、盐城、杭州、温州、绍兴、金华、舟山、合肥、厦门、济南、枣庄、济宁、郑州、武汉、宜昌、常德、广州、中山、柳州、成都、兰州、银川和乌鲁木齐共 26 个城市开通了 BRT。其中温州和武汉为 2016 年新增 BRT 城市。

二、运营车辆数

截至 2016 年年底，BRT 运营车辆数排名前 5 的城市为郑州、广州、乌鲁木齐、常州和合肥，其中郑州最多，为 1800 辆，广州、乌鲁木齐分别为 989 辆和 552 辆，常州、合肥分别为 442 辆和 406 辆。2016 年我国开通 BRT 城市 BRT 运营车辆数情况详见图 4-29 和表 4-13。

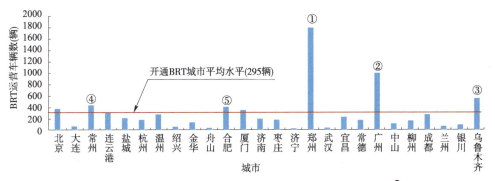

图 4-29　2016 年我国开通 BRT 城市 BRT 运营车辆数情况❶

注：数据来源于 2016 年《城市（县城）客运统计》。

---

❶ 温州、武汉为2016年新增BRT城市，本节内所有图表中未显示这两个城市的增长比例数据。

2016年我国快速公共汽车交通系统（BRT）情况　　　表4-13

城市	运营车辆数（辆）	新增运营车辆数（辆）	运营线路长度（公里）	新增运营线路长度（公里）	客运量（万人次）	新增客运量（万人次）
合计	7658	1512	3297.9	306.7	176379.1	33395.9
北京	368	9	81.0	0	5223.5	−883.6
大连	64	0	14.0	0	1700.0	−125.1
常州	442	0	290.2	0.5	9316.0	−1120.6
连云港	302	0	138.0	86.0	4215.2	1127.7
盐城	219	63	201.0	45.0	4037.0	287
杭州	173	13	150.8	23.0	4265.4	−289.2
温州	270	270	13.1	13.0	1275.9	1275.9
绍兴	48	12	75.3	22.3	428.5	4.3
金华	129	57	158.2	118.9	884.3	807.3
舟山	30	0	25.0	0	420.0	22
合肥	406	186	197.5	88.7	7103.5	1435.6
厦门	347	120	167.9	37.9	13975.3	489.5
济南	197	0	97.4	3.4	3759.4	−2.7
枣庄	177	28	252.7	0	1885.0	121
济宁	20	0	56.0	0	95.6	5.6
郑州	1800	594	121.0	39.0	53373.7	28503.6
武汉	30	30	13.6	14.0	14.7	14.7
宜昌	230	30	23.9	−8.1	3446.3	2226.5
常德	172	66	55.4	−126.1	1176.0	56
广州	989	0	697.1	−67.9	23039.5	−1860.5
中山	116	5	91.9	10.8	1233.1	27.5
柳州	157	13	180.5	0.7	3850.7	216.3
成都	270	16	60.0	1.4	10041.3	−112.3
兰州	70	0	8.9	0	4113.0	5.5
银川	80	0	21.3	0	3311.2	−171.1
乌鲁木齐	552	0	106.2	4.5	14195	1335

注：1. 数据来源于2016年《城市（县城）客运统计》。
　　2. 合计数据中包括新疆建设兵团的BRT运营车辆数、客运量、运营线路长度信息。

与2015年相比，BRT运营车辆数增长比例排名前5的城市为合肥、金华、常德、厦门和郑州，其中合肥最高，为84.5%，金华、常德BRT分别为79.2%和62.3%，厦门、郑州BRT为52.9%和49.3%。2016年我国开通BRT城市BRT运营车辆数增长情况详见图4-30和表4-13。

第四章 城市公共汽电车

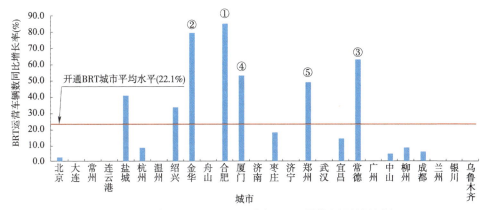

图 4-30　2016 年我国开通 BRT 城市 BRT 运营车辆数增长情况

注：数据来源于 2016 年《城市（县城）客运统计》。

三、运营线路长度

截至 2016 年年底，BRT 运营线路长度排名前 5 的城市为广州、常州、枣庄、盐城和合肥，其中广州最长，为 697 公里，常州、枣庄分别为 290 公里和 253 公里，盐城、合肥分别为 201 公里和 198 公里。2016 年我国开通 BRT 城市 BRT 运营线路长度情况详见图 4-31 和表 4-13。

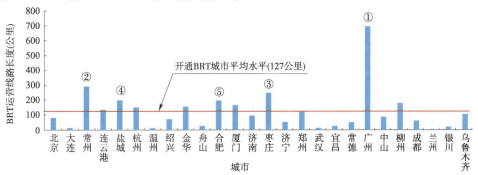

图 4-31　2016 年我国开通 BRT 城市 BRT 运营线路长度情况

注：数据来源于 2016 年《城市（县城）客运统计》。

与 2015 年相比，BRT 运营线路长度增长比例排名前 5 的城市为金华、连云港、合肥、郑州和绍兴，其中金华最高，为 302.5%，连云港、合肥分别为 165.4% 和 81.5%，郑州、绍兴分别为 47.6% 和 42.1%。2016 年我国开通 BRT 城市 BRT 运营车辆数增长情况详见图 4-32 和表 4-13。

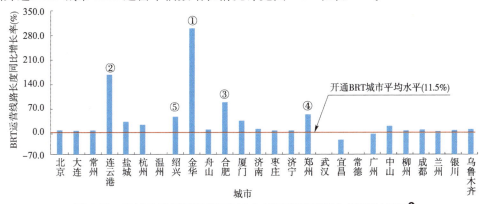

图 4-32　2016 年我国开通 BRT 城市 BRT 运营线路长度增长情况❶

注：数据来源于 2016 年《城市（县城）客运统计》。

---

❶ 由于温州、武汉为 2016 年新增 BRT 城市，因此本节内所有图表中未显示这两个城市的增长比例数据。

四、客运量

2016年，BRT客运量排名前5的城市为郑州、广州、乌鲁木齐、厦门和成都，其中郑州最高，为53374万人次，广州、乌鲁木齐分别为23040万人次和14195万人次，厦门、成都分别为13975万人次和10041万人次。2016年我国开通BRT城市BRT客运量情况详见图4-33和表4-13。

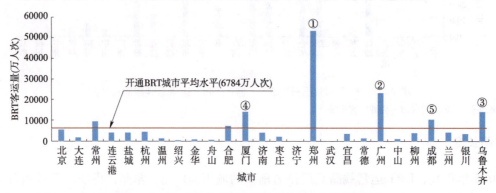

图4-33 2016年我国开通BRT城市BRT客运量情况

注：数据来源于2016年《城市（县城）客运统计》。

与2015年相比，BRT客运量增长比例排名前5的城市为金华、宜昌、郑州、连云港和合肥，其中金华最高，为1048.4%，宜昌、郑州分别为182.5%和114.6%，连云港、合肥分别为36.5%和25.3%。2016年我国开通BRT城市BRT客运量增长比例情况详见表4-13。

第五章　城市轨道交通

截至 2016 年年底，我国共有 30 个城市开通轨道交通运营线路，比 2015 年新增 4 个，分别是合肥、福州、东莞、南宁。

我国共有城市轨道交通运营线路 124 条，比 2015 年增加 19 条，同比增长 18.1%。运营线路长度 3727.5 公里，年度新增运营线路长度创历史新高，为 532.1 公里，同比增长 16.7%。车站 2468 个，比 2015 年增加 376 个，同比增长 18.0%。其中，换乘站为 254 个，比 2015 年增加 74 个，同比增长 41.1%。运营车辆共计 23791 辆（折合 57627 标台），比 2015 年增加 3850 辆（折合 9462 标台），同比增长 19.3%。

全年累计完成客运量 161.51 亿人次，占城市客运总量的 12.6%，比 2015 年增加 21.50 亿人次，同比增长 15.4%。全年运营里程共计 4.33 亿列公里，比 2015 年增加 0.59 亿列公里，同比增长 15.7%。

运营线路不断增加、设施装备逐步完善、客流持续增长、系统制式多元化、运营线路网络化的发展趋势更加明显。2016 年我国城市轨道交通总体发展情况见表 5-1。

2016年我国城市轨道交通发展情况　　表5-1

数据类型	单位	2016 年	同比增长	同比增长率（%）
开通运营城市	个	30	4	15.4
运营线路	条	124	19	18.1
运营线路长度	公里	3727.5	532.1	16.7
车站	个	2468	376	18.0
换乘站	个	254	74	41.1
运营车辆	辆	23791	3850	19.3
运营车辆折合标台数	标台	57627	9462	19.6
经营企业	户	42	7	20.0
从业人员	万人	21.49	3.07	16.7
驾驶员	万人	2.46	—	—
客运量	亿人次	161.51	21.50	15.4
运营里程	亿列公里	4.33	0.59	15.7

注：1. 数据来源于 2016 年《交通运输行业发展统计公报》《城市（县城）客运统计》。
　　2. 由于 2015 年驾驶员人数未统计，因此本表未列出"比 2015 年新增"和"同比增长率"数据。

第一节　设施装备

截至 2016 年年底，我国共计开通城市轨道交通运营线路 124 条，同比增长 18.1%。运营线路长度 3727.5 公里，年度新增运营线路长度创历史新高，为 532.1 公里，同比增长 16.7%。车站 2468 个，同比增长 18.0%。其中，换乘站为 254 个，同比增长 41.1%。运营车辆共计 23791 辆（折合 57627 标台），同比增长 19.3%。

一、运营线路

截至 2016 年年底,我国已有北京、天津、沈阳、大连、长春、哈尔滨、上海、南京、无锡、苏州、昆山、淮安、杭州、宁波、合肥、福州、南昌、青岛、郑州、武汉、长沙、广州、佛山、深圳、东莞、南宁、重庆、成都、昆明、西安 30 个城市开通了城市轨道交通线路。

截至 2016 年年底,我国城市轨道交通共有运营线路 124 条,比 2015 年增加 19 条,同比增长 18.1%。运营线路长度 3727.5 公里,比 2015 年增加 532.1 公里,同比增长 16.7%。在城市轨道交通运营线路中,地铁作为城市轨道交通的主要制式,线路长度为 3269.7 公里,占 87.7%,其他制式(包括轻轨、有轨电车、磁悬浮)占 12.3%。北京、天津、苏州、宁波、青岛、郑州、武汉、长沙、广州、深圳、重庆、成都、西安 13 个城市运营线路长度和条数都有不同程度的增长;合肥、福州、东莞、南宁 4 个城市新开通了城市轨道交通线路。北京、上海、广州和深圳等城市轨道交通系统逐渐步入网络化运营时代。截至 2016 年年底,北京、上海、广州、深圳和南京的城市轨道交通运营线路分列前 5 位,运营线路条数共 55 条,运营线路长度共计 1785.5 公里,分别占我国城市轨道交通运营线路总条数与运营线路总长度的 44.4% 和 47.9%。各城市综合考虑自身经济发展水平和客流量大小等因素设置城市轨道交通线路的类型,我国拥有两种以上城市轨道交通制式的城市有 10 个,其中大连和天津分别具有地铁、轻轨和有轨电车三种制式。2016 年我国各城市轨道交通运营线路条数情况见图 5-1 和表 5-2;2016 年我国各城市轨道交通运营线路长度及变化情况见图 5-2、图 5-3 和表 5-3。

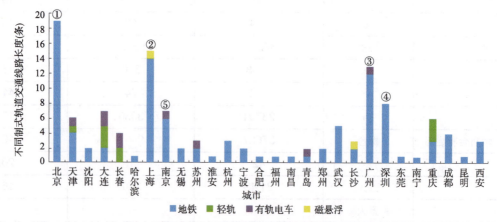

图 5-1 2016 年我国各城市轨道交通运营线路条数情况

注:数据来源于 2016 年《城市(县城)客运统计》。

2016年我国各城市轨道交通运营线路条数情况　　　　　　　　　　　　　　　　　表5-2

城市	运营线路条数(条)					同比增长率(%)
	小计	地铁	轻轨	有轨电车	磁悬浮	
合计	124 (↑19)	103 (↑18)	9 (↓1)	10 (↑1)	2 (↑1)	18.1
北京	19 (↑1)	19 (↑1)	—	—	—	5.6
天津	6 (↑1)	4 (↑1)	1	1	—	20.0
沈阳	2	2	—	—	—	0
大连	7	2	3	2	—	0
长春	4	—	2	2	—	0
哈尔滨	1	1	—	—	—	0

续上表

城市	运营线路条数（条）					同比增长率（%）
	小计	地铁	轻轨	有轨电车	磁悬浮	
上海	15	14	—	—	1	0
南京	7	6	—	1	—	0
无锡	2	2	—	—	—	0
苏州	3	2（↑2）	0（↓2）	1	—	0
淮安	1	—	—	1	—	0
杭州	3	3	—	—	—	0
宁波	2	2	—	—	—	0
合肥★	1（↑1）	1（↑1）	—	—	—	—
福州★	1（↑1）	1（↑1）	—	—	—	—
南昌	1	1	—	—	—	0
青岛	2（↑1）	1	—	1（↑1）	—	100.0
郑州	2（↑1）	2（↑1）	—	—	—	100.0
武汉	5（↑1）	5（↑1）	—	—	—	25.0
长沙	3（↑2）	2（↑1）	—	—	1（↑1）	200.0
广州	13（↑3）	12（↑3）	—	1	—	30.0
深圳	8（↑3）	8（↑3）	—	—	—	60.0
东莞★	1（↑1）	1（↑1）	—	—	—	—
南宁★	1（↑1）	1（↑1）	—	—	—	—
重庆	6（↑1）	3	3（↑1）	—	—	20.0
成都	4（↑1）	4（↑1）	—	—	—	33.3
昆明	1（↑1）	1（↑1）	—	—	—	−50.0
西安	3（↑1）	3（↑1）	—	—	—	50.0

注：1. 数据来源于2016年《城市（县城）客运统计》。
2. 因上海轨道交通运营线路含昆山线路，广州轨道交通运营线路含佛山线路，故未单列数据；2011年，重庆市将轨道交通类型上报为单轨，2012年以后重庆市将轨道交通类型上报为地铁和轻轨；苏州轨道交通地铁运营线路实际并未发生变化，只因2015年《城市（县城）客运统计》将苏州2条轨道交通运营线路类型统计为轻轨，2016年《城市（县城）客运统计》将苏州2条轨道交通运营线路类型统计为地铁；昆明因地铁机场线停运整改，故减少1条轨道交通线路。
3. ★表示2016年新开通城市轨道交通运营的城市；↑表示2016年线路条数增加；↓表示2016年线路条数减少。

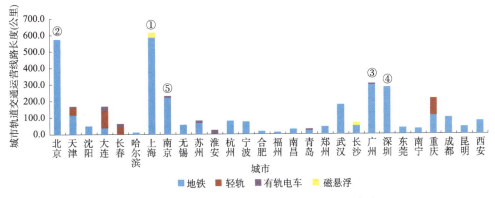

图5-2　2016年我国各城市轨道交通运营线路长度情况

注：数据来源于2016年《城市（县城）客运统计》。

中国城市客运发展报告（2016）

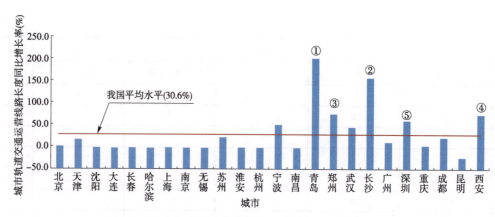

图 5-3　2016 年我国城市轨道交通运营线路长度变化情况

注：数据来源于 2016 年《城市（县城）客运统计》。

2016年我国各城市轨道交通运营线路长度情况　　　　表5-3

城市	运营线路长度（公里）					同比增长率 (%)
	小计	地铁	轻轨	有轨电车	磁悬浮	
合计	3727.5 (↑532.1)	3269.7 (↑547.0)	298.8 (↓42.4)	111.3 (↑8.9)	47.7 (↑18.6)	16.7
北京	574.0 (↑20.3)	574.0 (↑20.3)	—	—	—	3.7
天津	175.4 (↑28.4)	115.2 (↑28.3)	52.3 (↑0.1)	7.9	—	19.3
沈阳	54.0	54.0	—	—	—	0
大连	166.9	42.3	101.1	23.5	—	0
长春	64.2	—	46.9	17.3	—	0
哈尔滨	17.2	17.2	—	—	—	0
上海	617.5	588.4	—	—	29.1	0
南京	231.8	224	—	7.8	—	0
无锡	55.0	55.0	—	—	—	0
苏州	86.1 (↑16.0)	67.9 (↑67.9)	0 (↓52.3)	18.2 (↑0.4)	—	22.8
淮安	20.1	—	—	20.1	—	0
杭州	81.5	81.5	—	—	—	0
宁波	74.5 (↑25.3)	74.5 (↑25.3)	—	—	—	51.4
合肥★	24.6 (↑24.6)	24.6 (↑24.6)	—	—	—	—
福州★	9.2 (↑9.2)	9.2 (↑9.2)	—	—	—	—
南昌	28.8	28.8	—	—	—	0
青岛	33.3 (↑22.3)	24.5 (↑13.5)	—	8.8 (↑8.8)	—	202.7
郑州	46.2 (↑20.0)	46.2 (↑20.0)	—	—	—	76.3

续上表

城市	运营线路长度（公里）					同比增长率（%）
	小计	地铁	轻轨	有轨电车	磁悬浮	
武汉	180.4（↑55.0）	180.4（↑55.0）	—	—	—	43.9
长沙	68.8（↑42.2）	50.2（↑23.6）	—	—	18.6（↑18.6）	158.6
广州	309.0（↑35.0）	301.3（↑35.3）	—	7.7（↓0.3）	—	12.8
深圳	285.0（↑108.0）	285.0（↑108.0）	—	—	—	61.0
东莞★	37.8（↑37.8）	37.8（↑37.8）	—	—	—	—
南宁★	32.1（↑32.1）	32.1（↑32.1）	—	—	—	—
重庆	213.3（↑11.3）	114.8（↑1.5）	98.5（↑9.8）	—	—	5.6
成都	105.5（↑19.5）	105.5（↑19.5）	—	—	—	22.7
昆明	46.3（↓13.0）	46.3（↓13.0）	—	—	—	−21.9
西安	89.0（↑38.1）	89（↑38.1）	—	—	—	74.9

注：1. 数据来源于2016年《城市（县城）客运统计》。
2. 因上海轨道交通运营线路长度含昆山运营线路长度，广州轨道交通运营线路长度含佛山运营线路长度，故未单列数据；因2015年《城市（县城）客运统计》将苏州2条轨道交通运营线路类型统计为轻轨，运营线路长度为52.3公里，2016年《城市（县城）客运统计》将苏州此2条轨道交通运营线路类型统计为地铁，故苏州轻轨运营线路长度减少52.3公里，地铁运营线路长度增加67.9公里，实际上苏州轨道交通运营线路长度共增加16.0公里，包括地铁运营线路长度增加15.6公里，轻轨运营线路长度增加0.4公里；昆明因地铁机场线停运整改，故减少1条轨道交通线路，因此地铁运营线路长度减少13.0公里。
3. ★表示2016年新开通城市轨道交通运营的城市；↑表示2016年线路长度增加；↓表示2016年线路长度减少。

二、场站

我国轨道交通共有车站2468个，比2015年增加376个，同比增长18.0%。其中，换乘站254个，比2015年增加74个，同比增长41.1%。换乘站占车站总数的10.3%，与2015年换乘站占8.6%相比有所提高，各城市轨道交通网络逐渐形成，网络化格局的发展进程不断加快。上海、北京、广州、深圳、武汉的车站数分列我国前5位，其中换乘站占车站总数比例最高的是广州，占比24.9%。2016年我国各城市轨道交通车站数情况见图5-4和图5-5。

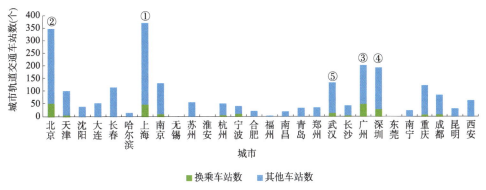

图 5-4　2016年我国各城市轨道交通车站数量情况

注：数据来源于2016年《城市（县城）客运统计》。

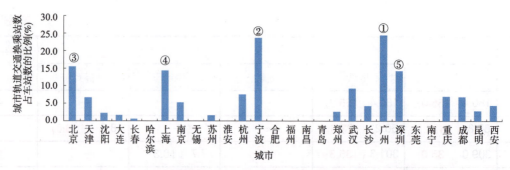

图 5-5　2016 年我国各城市轨道交通换乘站数占车站数比例情况

注：数据来源于 2016 年《城市（县城）客运统计》。

2016 年我国各城市轨道交通车站数量平均增长率为 31.9%。青岛城市轨道交通车站数量大幅增长，比 2015 年增加 24 个，同比增长 240.0%。2016 年我国各城市轨道交通车站数增长情况见图 5-6 和表 5-4。

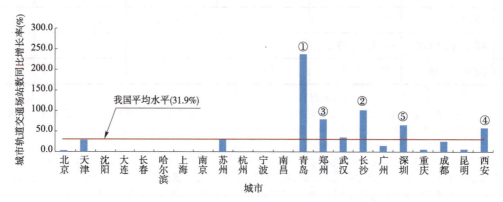

图 5-6　2016 年我国城市轨道交通场站数量增长情况

注：数据来源于 2016 年《城市（县城）客运统计》。

2016年我国各城市轨道交通车站数量情况　　　　　　表5-4

城市	车站数（个）	换乘车站数（个）	换乘车站数占车站数的比例（%）	新增车站数（个）	新增换乘车站数（个）	车站数同比增长率（%）
合计	2468	254	10.3	376	74	18.0
北京	345	54	15.7	11	1	3.3
天津	105	7	6.7	23	4	28.0
沈阳	43	1	2.3	0	0	0
大连	56	1	1.8	0	0	0
长春	119	1	0.8	0	0	0
哈尔滨	18	0	0	0	0	0
上海	367	54	14.7	1	0	0.3
南京	134	7	5.2	0	0	0
无锡	—	—	—	—	—	—

续上表

城市	车站数（个）	换乘车站数（个）	换乘车站数占车站数的比例（%）	新增车站数（个）	新增换乘车站数（个）	车站数同比增长率（%）
苏州	59	1	1.7	13	0	28.3
淮安	—	—	—	—	—	—
杭州	53	4	7.5	0	-1	0
宁波	42	10	23.8	0	9	0
合肥	23	0	0	23	0	—
福州	6	0	0	6	0	—
南昌	24	0	0	0	0	0
青岛	34	0	0	24	0	240.0
郑州	36	1	2.8	16	1	80.0
武汉	136	13	9.6	34	7	33.3
长沙	46	2	4.3	23	2	100.0
广州	201	50	24.9	31	29	18.2
深圳	196	28	14.3	78	15	66.1
东莞	—	—	—	—	—	—
南宁	25	0	0	25	0	—
重庆	126	9	7.1	7	1	5.9
成都	87	6	6.9	17	3	24.3
昆明	35	1	2.9	2	1	6.1
西安	66	3	4.5	27	2	69.2

注：1. 数据来源于2016年《城市（县城）客运统计》。
2. 因上海轨道交通车站数和换乘站数含昆山轨道交通车站数和换乘站数，广州轨道交通车站数和换乘站数含佛山车站数和换乘站数，故未单列数据。
3. 统计数据中不包括无锡、淮安和东莞3个城市的具体数量。
4. 因合肥、福州、东莞、南宁为2016年新开通城市轨道交通线路的城市，故不计算其车站数同比增长率。

三、车辆

截至2016年年底，我国轨道交通共有运营车辆23791辆（编组列数4194列，折合57627标台），比2015年增加3850辆（编制列数655列，折合9462标台），同比增长为19.3%。其中，地铁运营车辆22072辆，轻轨运营车辆1275辆，有轨电车412辆，磁悬浮列车运营车辆32辆。

城市轨道交通运营车辆数量位居前5的城市依次为北京、上海、广州、深圳、武汉，分别占我国城市轨道交通运营车辆总量的21.9%、16.9%、8.8%、7.9%和4.6%。2016年我国城市轨道交通运营车辆数量情况见图5-7和表5-5。

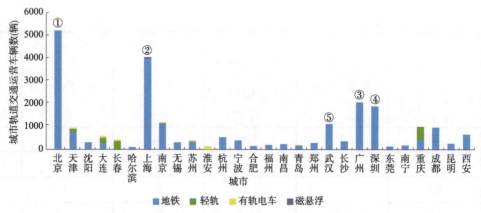

图 5-7 2016 年我国城市轨道交通运营车辆数量情况

注：数据来源于 2016 年《城市（县城）客运统计》。

2016年我国城市轨道交通运营车辆数据情况 表5-5

城市	运营车辆数（辆）					运营车辆（标台）	编组列数（列）
	小计	地铁	轻轨	有轨电车	磁悬浮		
合计	23791	22072	1275	412	32	57627	4194
北京	5204	5204	—	—	—	13010	832
天津	956	780	152	24	—	2354	176
沈阳	336	336	—	—	—	840	56
大连	568	288	208	72	—	1400	176
长春	398	—	351	47	—	512	124
哈尔滨	78	78	—	—	—	195	13
上海	4025	4008	—	—	17	10063	681
南京	1194	1154	—	40	—	2913	209
无锡	276	276	—	—	—	690	46
苏州	410	320	—	90	—	863	88
淮安	104	—	—	104	—	260	26
杭州	534	534	—	—	—	1335	89
宁波	366	366	—	—	—	915	61
合肥	132	132	—	—	—	330	22
福州	144	144	—	—	—	360	24
南昌	162	162	—	—	—	405	27
青岛	151	144	—	7	—	338	31
郑州	258	258	—	—	—	645	43
武汉	1106	1106	—	—	—	2765	200
长沙	345	330	—	—	15	851	60
广州	2088	2060	—	28	—	5220	393

续上表

城市	运营车辆数（辆）					运营车辆（标台）	编组列数（列）
	小计	地铁	轻轨	有轨电车	磁悬浮		
深圳	1890	1890	—	—	—	4725	308
东莞	108	108	—	—	—	270	18
南宁	144	144	—	—	—	144	24
重庆	978	414	564	—	—	1994	161
成都	966	966	—	—	—	2415	161
昆明	240	240	—	—	—	240	40
西安	630	630	—	—	—	1575	105

注：1. 数据来源于2016年《城市（县城）客运统计》。
2. 因上海轨道交通运营车辆数含昆山轨道交通运营车辆数，广州轨道交通运营车辆数含佛山运营车辆数，故未单列数据。

从我国各城市轨道交通运营车辆数增长情况看，青岛轨道交通运营车辆数大幅增长，同比增长214.6%；其次是长沙，轨道交通运营车辆数同比增长113.0%；第3名是西安，同比增长94.4%。我国各城市轨道交通运营车辆数量增长情况见图5-8和表5-5。

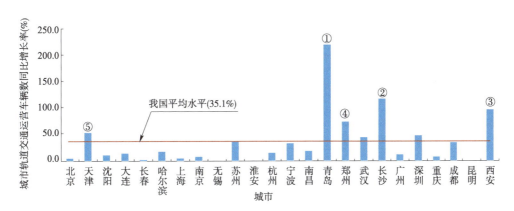

图 5-8　2016年我国城市轨道交通运营车辆数增长情况

注：数据来源于2016年《城市（县城）客运统计》。

第二节　经营主体

截至2016年年底，我国轨道交通共有经营业户数42户。从业人员21.49万人，其中驾驶员2.46万人，占比11.4%。

一、经营业户

我国城市轨道交通运营企业共计42户。其中江苏最多，轨道交通运营企业7户；上海轨道交通运营企业6户；广东轨道交通运营企业4户；浙江、辽宁轨道交通运营企业各3户；北京、山东、湖南轨道交通运营企业2户；天津、吉林、黑龙江、安徽、福建、江西、河南、湖北、广西、重庆、四川、云南、陕西轨道交通运营企业1户。

二、从业人员

截至 2016 年年底,我国城市轨道交通行业从业人员数 21.49 万人,其中,从业人员数最多的 3 个城市分别为北京、上海和广州,分别为 4.11 万人、2.87 万人和 2.19 万人。2016 年我国各城市轨道交通从业人员情况见表 5-6。

2016年我国各城市轨道交通从业人员情况 表5-6

城市	经营业户数（户）	从业人员数（万人）	城市	经营业户数（户）	从业人员数（万人）
合计	42	21.49	福州	1	0.16
北京	2	4.11	南昌	1	0.20
天津	1	0.63	青岛	2	0.37
沈阳	1	0.36	郑州	1	0.25
大连	2	0.59	武汉	1	0.85
长春	1	0.38	长沙	2	0.40
哈尔滨	1	0.15	广州	1	2.19
上海	6	2.87	深圳	2	1.29
南京	2	1.10	东莞	—	—
无锡	—	—	南宁	1	0.22
苏州	2	0.58	重庆	1	1.53
淮安	—	—	成都	1	0.85
杭州	2	0.46	昆明	1	0.40
宁波	1	0.34	西安	1	0.55
合肥	1	0.18			

注：1. 数据来源于 2016 年《城市（县城）客运统计》。
2. 因上海轨道交通经营业户数含昆山经营业户数，广州轨道交通经营业户数含佛山轨道交通经营业户数，故未单列数据。
3. 统计数据中不包括无锡、淮安和东莞 3 个城市的具体数量。

第三节 运营指标

截至 2016 年年底,我国城市轨道交通完成客运量 161.51 亿人次,比 2015 年增加 21.50 亿人次,同比增长 15.4%,占城市客运总量的 12.6%。全年完成城市轨道运营里程 4.33 亿列公里,比 2015 年增加 0.59 亿列公里,同比增长 15.7%。

一、客运量

截至 2016 年年底,我国城市轨道交通完成客运量 161.51 亿人次,比 2015 年增加 21.50 亿人次,同比增长 15.4%,占城市客运总量的 12.6%。其中,北京市客运量最大,客运量为 36.59 亿人次,首次实现了日均客运量超千万人次（1002.56 万人次）。上海市位列第 2 位,客运量为 34.01 亿人次；广州市位列第 3 位，客运量为 25.71 亿人次；深圳市、南京市分别位列第 4 位、第 5 位，客运量分别为 12.97 亿人次、8.32 亿人次，均创历史新高。北京、上海、广州、深圳、南京 5 市的客运量占我国客运量总量的 72.8%。客运量高于我国平均水平的城市共 7 个，除了客运量排名前 5 位的城市外，还包括武汉市和重庆市。2016 年我国各城市轨道交通客运量情况见图 5-9 和表 5-7。

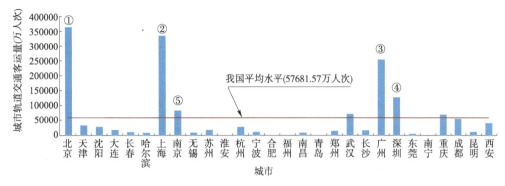

图 5-9　2016 年我国各城市轨道交通客运量情况

注：数据来源于 2016 年《城市（县城）客运统计》。

2016年我国各城市轨道交通客运量情况　　　　表5-7

城市	客运量 （万人次）	日均客流量 （万人次）	同比增长率 （%）	城市人口 （万人）	年人均乘坐城市 轨道交通次数 （次）
合计	1615081（↑214979）	4424.88（↑588.99）	15.4	22562.30	71.58
北京	365934（↑33553）	1002.56（↑91.93）	10.1	2170.50	168.59
天津	30855（↑2043）	84.53（↑5.60）	7.1	1238.60	24.91
沈阳	29723（↑1951）	81.43（↑5.35）	7.0	582.00	51.07
大连	15470（↑4166）	42.38（↑11.41）	36.9	329.90	46.89
长春	8078（↑243）	22.13（↑0.67）	3.1	519.60	15.55
哈尔滨	6850（↑286）	18.77（↑0.78）	4.4	530.50	12.91
上海	340106（↑33308）	931.80（↑91.25）	10.9	2415.30	140.81
南京	83153（↑11441）	227.82（↑31.35）	16.0	693.00	119.99
无锡	8267（↑1042）	22.65（↑2.85）	14.4	292.20	28.29
苏州	15057（↑1297）	41.25（↑3.55）	9.4	440.60	34.17
淮安	546（↑516）	1.50（↑1.41）	1718.3	320.90	1.70
杭州	26877（↑4531）	73.64（↑12.41）	20.3	845.10	31.80
宁波	9968（↑6192）	27.31（↑16.96）	164.0	333.40	29.90
合肥	70（↑70）	0.19（↑0.19）	—	440.30	0.16
福州	179（↑179）	0.49（↑0.49）	—	262.30	0.68
南昌	7958（↑7818）	21.80（↑21.42）	5584.3	329.50	24.15
青岛	1121（↑1067）	3.07（↑2.92）	1975.2	513.90	2.18

续上表

城市	客运量 (万人次)	日均客流量 (万人次)	同比增长率 (%)	城市人口 (万人)	年人均乘坐城市 轨道交通次数 (次)
郑州	12376 (↑3566)	33.91 (↑9.77)	40.5	828.20	14.94
武汉	71659 (↑15149)	196.33 (↑41.50)	26.8	1060.80	67.55
长沙	16033 (↑7626)	43.93 (↑20.89)	90.7	339.70	47.20
广州	257119 (↑16427)	704.44 (↑45.01)	6.8	1648.50	155.97
深圳	129714 (↑17526)	355.38 (↑48.02)	15.6	1137.90	113.99
东莞	2132 (↑2132)	5.84 (↑5.84)	—	595.80	3.58
南宁	642 (↑642)	1.76 (↑1.76)	—	377.00	1.70
重庆	69343 (↑6096)	189.98 (↑16.70)	9.6	2504.60	27.69
成都	56217 (↑29054)	154.02 (↑79.60)	107.0	703.00	79.97
昆明	8821 (↑454)	24.17 (↑1.24)	5.4	407.10	21.67
西安	40816 (↑6607)	111.82 (↑18.10)	19.3	702.10	58.13

注：1. 城市人口数据来源于《中国城市建设统计年鉴（2015）》，其他数据来源于2016年《城市（县城）客运统计》。
2. 因上海轨道交通经营业户数含昆山经营业户数，广州轨道交通经营业户数含佛山轨道交通经营业户数，故未单列数据。
3. 因合肥、福州、东莞、南宁为2016年新开通城市轨道交通线路的城市，故不计算其客运量同比增长率。
4. ↑表示2016年客运量增加。

从各城市客运量增长情况看，随着轨道交通运营线路的增多，各城市尤其是城市轨道交通新兴城市的客运量增长明显，城市轨道交通逐渐成为这些城市居民出行的重要公共交通出行方式。其中，南昌、青岛和淮安3市的增长最明显，较2015年实现跨越式增长。2016年我国各城市轨道交通客运量增长情况见图5-10和表5-7。

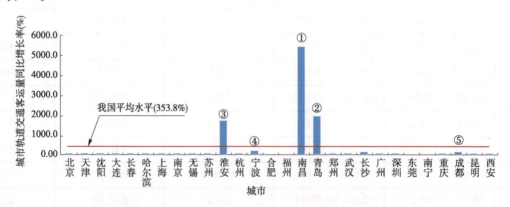

图5-10 2016年我国各城市城市轨道交通客运量增长情况

注：数据来源于2016年《城市（县城）客运统计》。

我国各城市轨道交通平均日均客运量158.03万人次。北京、上海、广州的日均客运量均在700万人次以上；日均客运量超100万人次的城市还有深圳、南京、武汉、重庆、成都和西安6市。城市轨道交通在其城市公共交通中的骨干作用日益凸显。2016年我国各城市轨道交通日均客运量情况见图5-11表5-7。

第五章　城市轨道交通

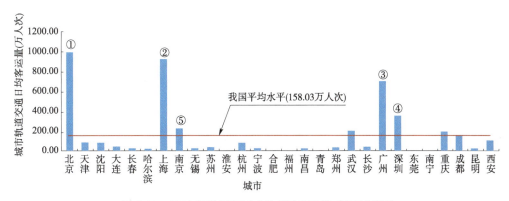

图 5-11　2016 年我国各城市轨道交通日均客运量情况

注：数据来源于 2016 年《城市（县城）客运统计》。

我国开通轨道交通的城市中，年人均乘坐城市轨道交通次数位列前 3 的城市依次为北京、广州和上海，次数分别为 168.59 次、155.97 次和 140.81 次。2016 年我国各城市年人均乘坐城市轨道交通次数情况见图 5-12 和表 5-7。

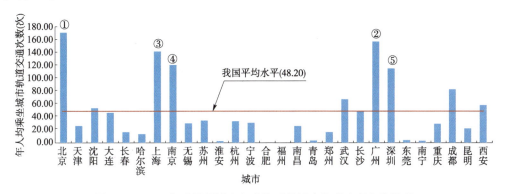

图 5-12　2016 年我国各城市年人均乘坐城市轨道交通次数情况

注：数据来源于 2016 年《城市（县城）客运统计》。

2016 年，我国完成城市轨道运营里程 4.33 亿列公里，比 2015 年增加 0.59 亿列公里，同比增长 15.7%。各城市轨道交通运营里程排名前 5 位的城市为北京、上海、广州、深圳和南京，其中，北京和上海轨道交通运营里程在 0.80 亿列公里以上，分别为 0.88 亿列公里、0.84 亿列公里。我国各城市轨道交通运营里程平均 0.16 亿列公里，超过运营里程平均水平的城市除了以上 5 个城市外，还有重庆、武汉、成都 3 市。2016 年我国各城市轨道交通运营里程情况见图 5-13 和表 5-8。

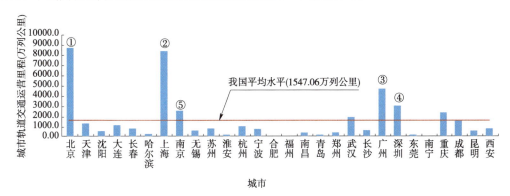

图 5-13　2016 年我国各城市轨道交通运营里程情况

注：数据来源于 2016 年《城市（县城）客运统计》。

从各城市轨道交通运营里程增长情况看,南昌、青岛、淮安、宁波和长沙 5 市的增长最明显,较 2015 年实现跨越式增长,其中,南昌、青岛、淮安呈 10 倍以上急剧增长态势。另外,长春、昆明 2 市的城市轨道交通运营里程有所减少。2016 年我国各城市轨道交通客运量同比增长率情况见图 5-14 和表 5-8。

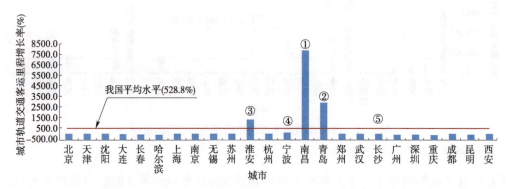

图 5-14　2016 年我国各城市轨道交通运营里程增长情况

注:数据来源于 2016 年《城市(县城)客运统计》。

2016年我国城市轨道交通运营里程及单位运营里程运载乘客情况　　　　表5-8

城市	运营里程 (万列公里)	同比增长率 (%)	单位运营里程运载乘客数 (人次/列公里)
合计	43317.6 (↑5869.0)	15.7	37.28
北京	8781.0 (↑563.0)	6.9	41.67
天津	1265.7 (↑103.7)	8.9	24.38
沈阳	594.1 (↑41.1)	7.4	50.03
大连	1097.1 (↑246.1)	28.9	14.10
长春	742.3 (↓7.7)	-1.0	10.88
哈尔滨	162.0 (↑4.0)	2.5	42.28
上海	8430.1 (↑856.1)	11.3	40.34
南京	2545.7 (↑208.7)	8.9	32.66
无锡	513.5 (↑23.9)	4.9	16.10
苏州	866.6 (↑154.6)	21.7	17.37
淮安	152.1 (↑142.1)	1421.0	3.59
杭州	971.0 (↑85.0)	9.6	27.68
宁波	743.0 (↑476.0)	178.3	13.42
合肥	3.5 (↑3.5)	—	20.06
福州	53.4 (↑53.4)	—	3.36
南昌	313.0 (↑309.0)	7725.0	25.42
青岛	122.4 (↑118.4)	2960.0	9.16
郑州	370.9 (↑101.9)	37.9	33.37

续上表

城市	运营里程（万列公里）	同比增长率（%）	单位运营里程运载乘客数（人次/列公里）
武汉	1894.8 (↑492.8)	35.1	37.82
长沙	517.2 (↑279.2)	117.3	31.00
广州	4673.7 (↑100.7)	2.2	55.01
深圳	3038.5 (↑458.5)	17.8	42.69
东莞	201.8 (↑201.8)	—	10.56
南宁	41.8 (↑41.8)	—	15.36
重庆	2326.7 (↑58.7)	2.6	29.80
成都	1552.7 (↑609.7)	64.7	36.21
昆明	436.8 (↓103.2)	−19.1	20.19
西安	906.2 (↑246.2)	37.3	45.04

注：1. 数据来源于2016年《城市（县城）客运统计》。
2. 因上海轨道交通经营业户数含昆山经营业户数，广州轨道交通经营业户数含佛山轨道交通经营业户数，故未单列数据。
3. 因合肥、福州、东莞、南宁为2016年新开通城市轨道交通线路的城市，故不计算其运营里程同比增长率。
4. ↑表示2016年运营里程增加，↓表示2016年运营里程减少。

2016年我国各城市轨道交通单位运营里程运载乘客数平均为26.77人次/列公里，超过平均水平的城市共14个。城市轨道交通单位运营里程运载乘客数位列前5的城市依次为广州、沈阳、西安、深圳和哈尔滨，单位运营里程运载乘客数均在40人次/列公里以上。2016年我国各城市年人均乘坐城市轨道交通次数情况见图5-15和表5-8。

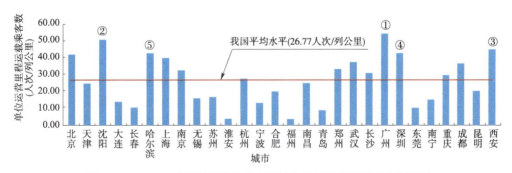

图5-15　2016年我国各城市轨道交通单位运营里程运载乘客数情况

注：数据来源于2016年《城市（县城）客运统计》。

二、旅客周转量

截至2016年年底，我国城市轨道交通旅客周转量为1361.70亿人公里，比2015年增加182.81亿人公里，同比增长15.5%。城市轨道交通旅客周转量前5位的城市分别为北京、上海、广州、深圳和南京，其中，北京、上海、广州和深圳4市旅客周转量远超我国平均水平（48.63亿人公里）。2016年我国各城市轨道交通旅客周转量情况见图5-16和表5-9。

中国城市客运发展报告（2016）

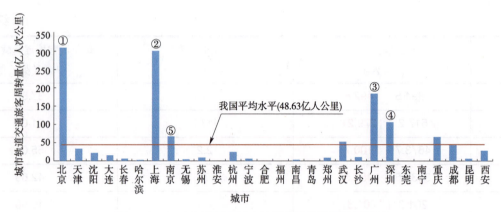

图 5-16　2016 年我国各城市轨道交通旅客周转量情况

注：数据来源于 2016 年《城市（县城）客运统计》。

从各城市轨道交通旅客周转量增长情况看，南昌、淮安、青岛、宁波 4 市的旅客周转量较 2015 年急剧增长。2016 年我国各城市轨道交通客运量增长情况见表 5-9。

2016年我国城市轨道交通旅客周转量情况　　　　　　　　　　　　　　表5-9

城市	旅客周转量（万人公里）	同比增长（万人公里）	同比增长率（%）
合计	13616957.4	1777700.4	15.0
北京	3171149.3	352149.3	12.5
天津	375597.2	21977.2	6.2
沈阳	222327.3	14174.3	6.8
大连	170083.2	50487.2	42.2
长春	72442.9	278.9	0.4
哈尔滨	44085.1	1544.1	3.6
上海	3050981.4	351017.4	13.0
南京	682503.6	95137.6	16.2
无锡	58917.0	—	—
苏州	108559.0	11927	12.3
淮安	6586.9	6346.9	2644.5
杭州	251281.9	49758.9	24.7
宁波	80432.9	59886.9	291.5
合肥	649.0	—	—
福州	860.3	—	—
南昌	58763.4	57757.4	5741.3
青岛	5200.1	4915.1	1724.6
郑州	100601.2	28743.2	40.0

第五章 城市轨道交通

续上表

城市	旅客周转量（万人公里）	同比增长（万人公里）	同比增长率（%）
武汉	543865.7	92358.7	20.5
长沙	107836.1	48450.1	81.6
广州	1866573.9	171677.9	10.1
深圳	1086031.7	82411.7	8.2
东莞	29635.0	—	—
南宁	3768.3	—	—
重庆	652405.4	49952.4	8.3
成都	468989.9	165013.9	54.3
昆明	94220.7	6522.7	7.4
西安	302609.0	11829	4.1

注：1. 数据来源于2016年《城市（县城）客运统计》。
2. 因上海轨道交通经营业户数含昆山经营业户数，广州轨道交通经营业户数含佛山轨道交通经营业户数，故未单列数据。
3. 因合肥、福州、东莞、南宁为2016年新开通城市轨道交通线路的城市，故不计算旅客周转量的同比增长率；未获取无锡市2015年的旅客周转量统计数据。

第六章　出租汽车

截至 2016 年年底，我国拥有巡游出租汽车（以下简称"出租汽车"）140.40 万辆，比 2015 年增加 1.15 万辆，同比增长 0.8%。其中新能源车辆（纯电动车）1.86 万辆，比 2015 年增加 1.18 万辆，同比增长 171.6%。我国拥有出租汽车经营业户数 13.36 万户，其中个体经营业户数 12.51 万户，占比 93.6%。从业人员 267.75 万人，其中驾驶员 246.66 万人，占比 92.1%。

2016 年，我国完成出租汽车客运量 377.35 亿人次，占城市客运总量的 29.4%，比 2015 年减少 19.39 亿人次，同比减少 4.9%。全年完成出租汽车运营里程 1552.50 亿公里，比 2015 年减少 49.92 亿公里，同比减少 3.1%，里程利用率 66.5%。2016 年我国出租汽车总体发展情况见表 6-1。

2016年我国出租汽车发展情况　　　　表6-1

数据类型	单位	2016年	比2015年新增	同比增长率（%）
运营车辆	万辆	140.40	1.15	0.8
新能源车辆	万辆	1.86	1.18	171.6
经营企业	万户	13.36	0.14	1.0
个体经营业户	万户	12.51	0.14	1.1
从业人员	万人	267.75	5.11	1.9
驾驶员	万人	246.66	—	—
客运量	亿人次	377.35	-19.39	-4.9
运营里程	亿万公里	1552.50	-49.93	-3.1
里程利用率	%	66.5	—	-1.5

注：1. 数据来源于 2016 年《交通运输行业发展统计公报》《城市（县城）客运统计》。
　　2. 由于 2015 年驾驶员人数未统计，因此本表未列出"比 2015 年新增"和"同比增长率"数据。

第一节　运营车辆

截至 2016 年年底，我国拥有出租汽车 140.40 万辆，比 2015 年增加 1.15 万辆，同比增长 0.8%。其中新能源车辆（纯电动车）1.86 万辆，比 2015 年增加 1.18 万辆，同比增长 171.6%。

2016 年我国出租汽车运营车辆数排在前 5 位的省份依次为黑龙江、辽宁、内蒙古、河北、山东。从我国出租汽车车辆数增长情况看，我国 31 个省的出租汽车车辆数平均增长率为 1.1%。31 个省份中贵州、内蒙古、海南、甘肃、广西 5 省（自治区）的出租汽车运营车辆数增长较多，其中，贵州和内蒙古 2 省的出租汽车运营车辆数同比增长率在 10% 以上；上海、四川、黑龙江、江西、辽宁、山东 6 省（直辖市）的出租汽车运营车辆数有所减少，其中上海、四川的出租汽车运营车辆数减少最多，分别减少 2315 辆、1943 辆，同比减少 4.7%、4.3%；天津、山西、西藏 3 省（自治区）的出租汽车运营车辆数与 2015 年相比无变化。2016 年我国 31 个省（自治区、直辖市）出租汽车运营车辆数及其增长情况见图 6-1、图 6-2 和表 6-2。

第六章 出租汽车

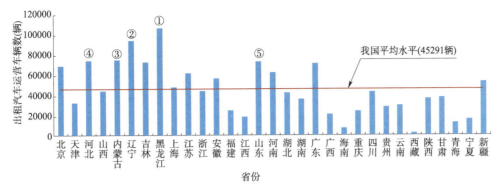

图 6-1 2016 年我国 31 个省（自治区、直辖市）出租汽车运营车辆数情况

注：数据来源于 2016 年《城市（县城）客运统计》。

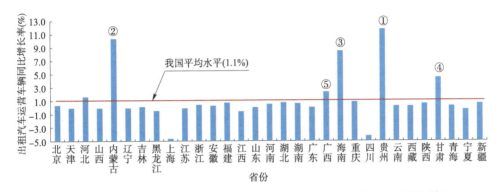

图 6-2 2016 年我国 31 个省（自治区、直辖市）出租汽车运营车辆数增长情况

注：数据来源于 2016 年《城市（县城）客运统计》。

2016年我国31个省（自治区、直辖市）出租汽车营运车辆发展情况　　　表6-2

地区	营运车辆数（辆）	同比增长（%）	地区	营运车辆数（辆）	同比增长（%）
合计	1404013（↑11493）	0.8	河南	61899（↑344）	0.6
北京	68484（↑200）	0.3	湖北	42125（↑305）	0.7
天津	31940	0.0	湖南	36221（↑230）	0.6
河北	73114（↑1168）	1.6	广东	70374（↑93）	0.1
山西	43120	0.0	广西	21221（↑490）	2.4
内蒙古	73929（↑6894）	10.3	海南	7241（↑569）	8.5
辽宁	92943（↓75）	-0.1	重庆	23749（↑205）	0.9
吉林	71170（↑112）	0.2	四川	43350（↓1943）	-4.3
黑龙江	105368（↓448）	-0.4	贵州	28713（↑3016）	11.7
上海	47271（↓2315）	-4.7	云南	29454（↑78）	0.3
江苏	61154（↑34）	0.1	西藏	2616（↑5）	0.2
浙江	44046（↑224）	0.5	陕西	36232（↑202）	0.6
安徽	55373（↑156）	0.3	甘肃	36377（↑1539）	4.4
福建	24961（↑176）	0.7	青海	13141（↑29）	0.2
江西	17900（↓88）	-0.5	宁夏	16101（↓43）	-0.3
山东	72081（↓9）	0.0	新疆	52345（↑345）	0.7

注：1. 数据来源于 2016 年《城市（县城）客运统计》。
　　2. ↑表示 2016 年营运车辆数增加，↓表示 2016 年营运车辆数减少。

截至 2016 年年底，我国 36 个中心城市共有出租汽车运营车辆 49.8 万辆，出租汽车运营车辆数量排在前 5 位的中心城市依次为北京、上海、天津、广州、重庆。36 个中心城市出租汽车运营车辆数与 2015 年相比，兰州、哈尔滨、深圳、武汉、杭州 5 市出租汽车运营车辆数增长较多，兰州的出租汽车运营车辆数增长最多，同比增长 24.4%；共有 7 市的出租汽车运营车辆数与 2015 年出租汽车运营车辆数相比减少，其中成都、上海、昆明 3 市的出租汽车运营车辆数分别减少 2434 辆、2315 辆、386 辆，同比减少 15.3%、4.7%、4.5%；呼和浩特、长春、宁波、合肥、南昌、长沙、拉萨、西宁、银川、乌鲁木齐的出租汽车运营车辆数与 2015 年相比无变化。2016 年我国 36 个中心城市出租汽车运营车辆数情况见图 6-3、图 6-4 和表 6-3。

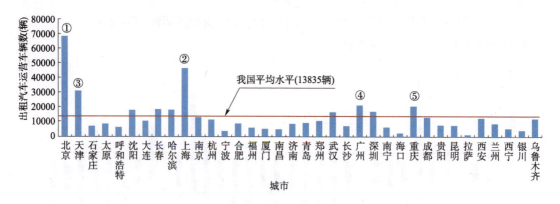

图 6-3　2016 年我国 36 个中心城市出租汽车运营车辆数情况

注：数据来源于 2016 年《城市（县城）客运统计》。

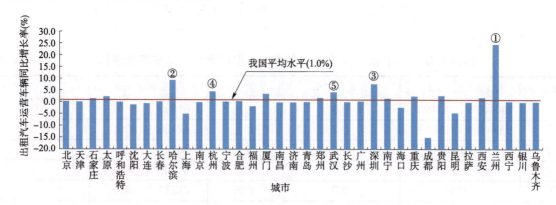

图 6-4　2016 年我国 36 个中心城市出租汽车运营车辆数增长情况

注：数据来源于 2016 年《城市（县城）客运统计》。

按车辆燃料类型分，我国出租汽车运营车辆主要分为汽油车、乙醇汽油车、柴油车、液化石油气（LPG）车、压缩天然气（CNG）车、双燃料车和纯电动车。截至 2016 年年底，我国出租汽车车中汽油车 46.43 万辆，比 2015 年减少 2.79 万辆，同比减少 5.7%；乙醇汽油车 18.49 万辆，比 2015 年减少 1.57 万辆，同比减少 7.8%；柴油车 2.69 万辆，比 2015 年减少 0.94 万辆，同比减少 26.0%；液化石油气车 1.05 万辆，比 2015 年增加 0.17 万辆，同比增长 19.6%；压缩天然气车 4.88 万辆，比 2015 年增加 0.47 万辆，同比增长 10.6%；双燃料车 64.60 万辆，比 2015 年增加 4.53 万辆，同比增长 7.5%；纯电动车 1.86 万辆，比 2015 年增加 1.18 万辆，同比增长 171.6%。汽油车、柴油车、乙醇汽油车占出租汽车运营车辆总数的比例较 2015 年相比降低，混合动力、纯电动、压缩天然气等新能源和清洁燃料车辆在公共汽车和出租汽车领域的示范推广应用等相关政策得到了积极的落实。2016 年我国出租汽车营运车辆按燃料类型划分情况见图 6-5 和表 6-4。

第六章 出租汽车

2016年我国36个中心城市出租汽车营运车辆发展情况　　　　表6-3

城市	营运车辆数（辆）	同比增长（%）	城市	营运车辆数（辆）	同比增长（%）
北京	68484（↑200）	0.3	青岛	10048（↑15）	0.1
天津	31940	0.0	郑州	10908（↑189）	1.8
石家庄	7749（↑104）	1.4	武汉	17376（↑629）	3.8
太原	8492（↑200）	2.4	长沙	7816	0.0
呼和浩特	6568	0.0	广州	22101（↑79）	0.4
沈阳	18587（↓208）	-1.1	深圳	17842（↑1246）	7.5
大连	11185（↓58）	-0.5	南宁	6820（↑97）	1.4
长春	18534	0.0	海口	2680（↓68）	-2.5
哈尔滨	18193（↑1621）	9.8	重庆	21100（↑469）	2.3
上海	47271（↓2315）	-4.7	成都	13496（↓2434）	-15.3
南京	13790（↓1）	0.0	贵阳	8034（↑185）	2.4
杭州	12209（↑515）	4.4	昆明	8187（↓386）	-4.5
宁波	4627	0.0	拉萨	1668	0.0
合肥	9402	0.0	西安	13812（↑260）	1.9
福州	6345（↓107）	-1.7	兰州	9583（↑1879）	24.4
厦门	5860（↑193）	3.4	西宁	5666	0.0
南昌	5453	0.0	银川	4930	0.0
济南	8949（↓6）	-0.1	乌鲁木齐	12338	0.0

注：1. 数据来源于2016年《城市（县城）客运统计》。
　　2. ↑表示2016年营运车辆数增加，↓表示2016年营运车辆数减少。

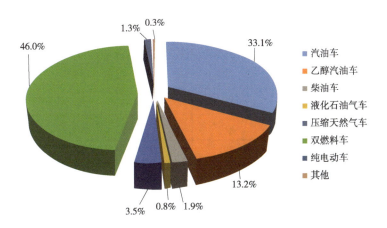

图6-5　2016年我国出租汽车营运车辆按燃料类型划分情况

注：数据来源于2016年《城市（县城）客运统计》。

2016年我国出租汽车营运车辆按燃料类型划分数据表　　　　　　　　表6-4

燃料类型＼数量	汽油车	乙醇汽油车	柴油车	液化石油气车	压缩天然气车	双燃料车	纯电动车	其他
2016年车辆数（辆）	464276	184848	26869	10488	48832	645993	18614	4093
占总量比例（%）	33.1	13.2	1.9	0.8	3.5	46.0	1.3	0.3
2015年车辆数（辆）	492217	200511	36312	8768	44169	600695	6854	2994
占总量比例（%）	35.3	14.4	2.6	0.6	3.2	43.1	0.5	0.2
新增车辆数（辆）	−27941	−15663	−9443	1720	4663	45298	11760	1099
同比增长（%）	−5.7	−7.8	−26.0	19.6	10.6	7.5	171.6	36.7

注：数据来源于2016年《城市（县城）客运统计》。

截至2016年年底，我国36个中心城市共有8个城市以汽油出租汽车为主（汽油车数量占出租汽车总数比例超过50%），分别为北京、天津、上海、深圳、杭州、南昌、贵阳、昆明；有22个城市以双燃料出租汽车为主（双燃料车数量占出租汽车总数的比例超过50%），分别为广州、重庆、武汉、沈阳、南京、合肥、济南、郑州、长沙、南宁、成都、西安、石家庄、宁波、大连、青岛、厦门、呼和浩特、福州、海口、西宁、银川；有2个城市以压缩天然气出租汽车为主（压缩天然气出租汽车占出租汽车总数的比例超过50%），分别为兰州、乌鲁木齐；有1个城市以纯电动出租汽车为主（纯电动出租汽车占出租汽车总数的比例超过50%），为太原。2016年我国36个中心城市出租汽车营运车辆按燃料类型划分情况见表6-5。

2016年我国36个中心城市出租汽车营运车辆按燃料类型划分情况　　　　　　表6-5

城市	合计	汽油车	乙醇汽油车	柴油车	液化石油气车	天然气车	双燃料车	纯电动车	其他
北京	68484	64484	—	—	—	—	2000	1000	1000
天津	31940	31856	—	—	—	—	—	—	84
石家庄	7749	126	61	—	—	—	7562	—	—
太原	8492	19	—	—	—	508	461	7504	—
呼和浩特	6568	—	—	—	—	—	6568	—	—
沈阳	18587	—	63	2876	—	—	13730	—	1918
大连	11185	1124	—	14	—	—	9997	50	—
长春	18534	3101	12402	2999	—	—	32	—	—
哈尔滨	18193	—	15211	2074	—	—	908	—	—
上海	47271	45967	—	651	—	—	647	6	—
南京	13790	5633	—	1	—	179	7277	700	—
杭州	12209	7386	—	77	—	—	4186	560	—
宁波	4627	6	—	1343	—	—	3278	—	—
合肥	9402	—	—	—	—	541	8361	500	—
福州	6345	862	—	940	—	—	4543	—	—

续上表

城市	合计	汽油车	乙醇汽油车	柴油车	液化石油气车	天然气车	双燃料车	纯电动车	其他
厦门	5860	—	—	—	—	—	5202	658	—
南昌	5453	4389	—	670	—	—	394	—	—
济南	8949	10	—	—	—	—	8939	—	—
青岛	10048	1346	—	—	—	—	8702	—	—
郑州	10908	—	—	—	—	—	10908	—	—
武汉	17376	252	—	—	897	863	14518	846	—
长沙	7816	76	—	110	—	—	7630	—	—
广州	22101	537	—	—	4158	—	17249	100	57
深圳	17842	14871	—	—	—	—	—	2971	—
南宁	6820	3051	—	—	—	—	3769	—	—
海口	2680	12	—	—	—	—	2442	226	—
重庆	21100	—	—	—	—	1191	19909	—	—
成都	13496	490	—	—	—	—	13006	—	—
贵阳	8034	6443	—	1072	—	8	211	—	300
昆明	8187	7241	—	—	—	—	893	50	3
拉萨	1668	—	—	—	1660	—	—	8	—
西安	13812	1	—	—	—	—	13491	300	20
兰州	9583	—	—	—	—	9412	—	171	—
西宁	5666	—	—	—	—	400	5266	—	—
银川	4930	—	—	—	—	—	4880	50	—
乌鲁木齐	12338	—	—	—	—	12338	—	—	—

注：数据来源于2016年《城市（县城）客运统计》。

第二节　经营主体

一、经营企业

截至2016年年底，我国出租汽车经营业户数共133609户，比2015年增加1363户，同比增长1.0%。其中，我国出租汽车个体经营业户数为125055户，较2015年增加1350户，同比增长1.1%；出租汽车企业共计8554户，较2015年增加13户，其中运营车辆数在301辆（含）以上的企业数为884户；车辆数在50辆（含）以下的企业数为2693户。2016年我国出租汽车企业按车辆规模划分及所占比例情况见图6-6和表6-6。

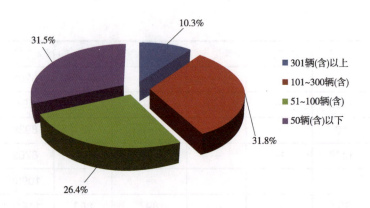

图 6-6 2016 年我国出租汽车企业按车辆规模划分及所占比例情况

注：数据来源于 2016 年《城市（县城）客运统计》。

2016年我国出租汽车企业按车辆规模划分及所占比例情况 表6-6

企业类型 数量	合　计	301辆（含）以上	101～300辆（含）	51～100辆（含）	50辆（含）以下
企业数量（户）	8554	884	2720	2257	2693
所占比例（%）	—	10.3	31.8	26.4	31.5

注：数据来源于 2016 年《城市（县城）客运统计》。

二、从业人员

截至 2016 年年底，我国出租汽车从业人员数为 267.75 万人，比较 2015 年增加 5.11 万人，同比增长 1.9%。2016 年全国 31 个省（自治区、直辖市）出租汽车行业平均从业人员数达 8.64 万人。从业人数最多的为辽宁，为 29.82 万人；其次为吉林，17.46 万人；第 3 名为黑龙江，15.47 万人。2016 年全国 31 个省（自治区、直辖市）出租汽车驾驶员数为 246.66 万。驾驶员数位列前 3 的是辽宁、吉林、黑龙江，分别为 20.39 万人、15.79 万人、14.95 万人。2016 年我国 31 个省（自治区、直辖市）出租汽车从业人员数情况及出租汽车驾驶员人数情况见图 6-7、图 6-8 和表 6-7。

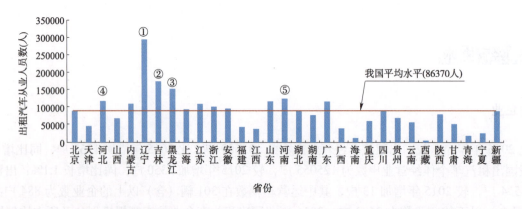

图 6-7 2016 年我国 31 个省（自治区、直辖市）出租汽车从业人员数情况

注：数据来源于 2016 年《城市（县城）客运统计》。

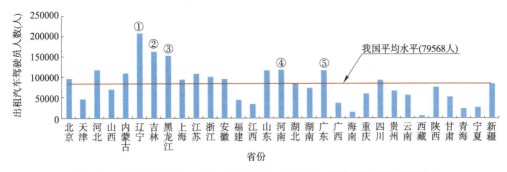

图6-8　2016年我国31个省（自治区、直辖市）出租汽车驾驶员数情况

注：数据来源于2016年《城市（县城）客运统计》。

我国31个省（自治区、直辖市）出租汽车从业人员数的平均增长率为0.5%。其中，辽宁从业人员数大幅增长，同比增长54.1%；共计16个省（自治区、直辖市）的出租汽车从业人员数减少，其中广东、北京、福建3省（直辖市）的出租汽车从业人员数减少最多，分别减少15.1%、10.6%和10.4%。2016年我国31个省（自治区、直辖市）出租汽车从业人员数变化情况见图6-9和表6-7。

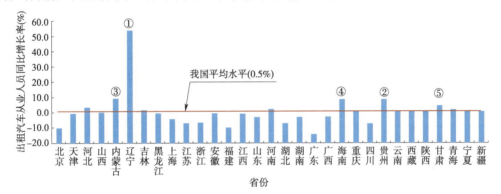

图6-9　2016年我国31个省（自治区、直辖市）出租汽车从业人员数变化情况

注：数据来源于2016年《城市（县城）客运统计》。

2016年我国31个省（自治区、直辖市）出租汽车从业人员发展情况　　表6-7

地区	从业人员数（人）	驾驶员数（人）	新增从业人员数（人）	从业人员数同比增长（%）
全国	2677466	2466609	51128	0.5
北京	93767	93767	-11120	-0.9
天津	46973	45820	-412	3.2
河北	120389	112995	3763	-0.1
山西	71094	67600	-67	8.7
内蒙古	109305	105276	8775	54.1
辽宁	298212	203885	104707	1.3
吉林	174574	157926	2254	-0.4
黑龙江	154732	149471	-554	-4.1
上海	94914	92372	-4109	-6.9
江苏	108818	104652	-8123	-7.1
浙江	102312	97551	-7801	-0.6

续上表

地区	从业人员数（人）	驾驶员数（人）	新增从业人员数（人）	从业人员数同比增长（%）
安徽	96212	92425	-564	-10.4
福建	46659	43805	-5415	-1.0
江西	35434	33115	-356	-3.7
山东	119049	114006	-4514	2.2
河南	123378	115436	2622	-7.5
湖北	89432	85278	-7244	-3.1
湖南	76583	72902	-2466	-15.1
广东	116902	114219	-20760	-2.8
广西	38129	36408	-1082	7.8
海南	13664	12915	992	0.6
重庆	60137	56083	343	-7.1
四川	93736	88180	-7191	8.9
贵州	69371	63347	5648	0.9
云南	56842	52849	490	0.3
西藏	5731	5254	16	0.2
陕西	77764	73096	132	4.2
甘肃	50305	48707	2044	1.6
青海	21366	20712	337	1.0
宁夏	24383	23768	246	0.6
新疆	87299	82789	537	-10.6

注：数据来源于2016年《城市（县城）客运统计》。

第三节 运营指标

一、运营里程

截至2016年年底，我国出租汽车运营总里程为1552.50亿公里，比2015年减少49.93亿公里，同比减少3.1%。我国平均每车年运营里程为11.06万公里，比2015年减少0.45万公里，同比减少3.9%。

2016年我国出租汽车平均年运营里程为50.08亿公里。全国31个省（自治区、直辖市）中，辽宁出租汽车年运营里程数最多，为116.90亿公里；其次为黑龙江，出租汽车年运营里程数为94.75亿公里；位列第3位的为广东，出租汽车年运营里程数为90.64亿公里。2016年我国31个省（自治区、直辖市）出租汽车运营里程情况见图6-10和表6-8。

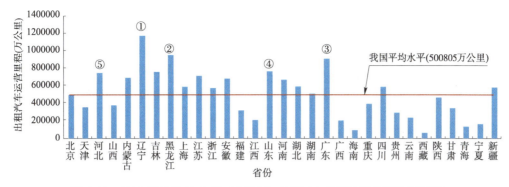

图 6-10　2016 年我国 31 个省（自治区、直辖市）出租汽车运营里程情况

注：数据来源于 2016 年《城市（县城）客运统计》。

从我国出租汽车平均年运营里程变化情况看，2016 年我国 31 个省（自治区、直辖市）出租汽车平均年运营里程同比减少 2.5%。2016 年我国 31 个省（自治区、直辖市）中共计 21 个省（自治区、直辖市）的年运营里程较 2015 年减少，北京减少最多，同比减少 13.5%；其次为江苏，同比减少 9.8%；第 3 名为宁夏，同比减少 9.4%。另外，内蒙古年运营里程较 2015 年增加 7.83 亿公里，增长比例最大，同比增长 12.8%。2016 年我国 31 个省（自治区、直辖市）出租汽车运营里程增长情况见图 6-11 和表 6-8。

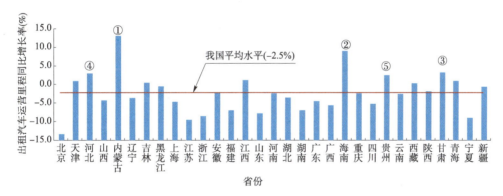

图 6-11　2016 年我国 31 个省（自治区、直辖市）出租汽车运营里程增长情况

注：数据来源于 2016 年《城市（县城）客运统计》。

2016年我国31个省（自治区、直辖市）出租汽车运营里程情况　　　　　表6-8

地区	运营里程（万公里）	同比增长率（%）	平均每车年运营里程（万公里）	同比增长率（%）
合计	15524953（↓499250）	-3.1	11.06（↓0.45）	-3.9
北京	509973（↓79842）	-13.5	7.45（↓1.19）	-13.8
天津	346921（↑793）	0.2	10.86（↑0.02）	0.2
河北	750139（↑19341）	2.6	10.26（↑0.10）	1.0
山西	386728（↓19031）	-4.7	8.97（↓0.44）	-4.7
内蒙古	689540（↑78317）	12.8	9.33（↑0.21）	2.3
辽宁	1168951（↓47565）	-3.9	12.58（↓0.50）	-3.8
吉林	760685（↑1807）	0.2	10.69（↑0.01）	0.1
黑龙江	947541（↓5936）	-0.6	8.99（↓0.02）	-0.2

续上表

地区	运营里程（万公里）	同比增长率(%)	平均每车年运营里程（万公里）	同比增长率(%)
上海	578651（↓29837）	-4.9	12.24（↓0.03）	-0.2
江苏	701181（↓76435）	-9.8	11.47（↓1.26）	-9.9
浙江	568453（↓53861）	-8.7	12.91（↓1.30）	-9.1
安徽	669371（↓15796）	-2.3	12.09（↓0.32）	-2.6
福建	312494（↓23976）	-7.1	12.52（↓1.06）	-7.8
江西	201815（↑2145）	1.1	11.27（↑0.17）	1.6
山东	772552（↓65425）	-7.8	10.72（↓0.91）	-7.8
河南	671463（↓15690）	-2.3	10.85（↓0.32）	-2.8
湖北	584528（↓23937）	-3.9	13.88（↓0.67）	-4.6
湖南	491913（↓37126）	-7.0	13.58（↓1.12）	-7.6
广东	906399（↓43747）	-4.6	12.88（↓0.64）	-4.7
广西	188856（↓11278）	-5.6	8.90（↓0.75）	-7.8
海南	94418（↑7679）	8.9	13.04（↑0.04）	0.3
重庆	375595（↓9283）	-2.4	15.82（↓0.53）	-3.3
四川	591686（↓33777）	-5.4	13.65（↓0.16）	-1.2
贵州	290350（↑7035）	2.5	10.11（↓0.91）	-8.3
云南	241980（↓6844）	-2.8	8.22（↓0.25）	-3.0
西藏	52348（↑234）	0.4	20.01（↑0.05）	0.3
陕西	460982（↓9636）	-2.0	12.72（↓0.34）	-2.6
甘肃	344935（↑10820）	3.2	9.48（↓0.11）	-1.1
青海	129140（↑1066）	0.8	9.83（↑0.06）	0.6
宁夏	154694（↓16143）	-9.4	9.61（↓0.97）	-9.2
新疆	580672（↓3322）	-0.6	11.09（↓0.14）	-1.2

注：1. 数据来源于2016年《城市（县城）客运统计》。
    2. ↑表示2016年运营里程增加，↓表示2016年运营里程减少。

截至2016年年底，我国36个中心城市共有18个城市的出租汽车平均每辆年运营里程超过我国平均水平，其中拉萨出租汽车平均每车年运营里程最高，为19.77万公里，其次为重庆，出租汽车平均每车年运营里程为16.02万公里；第3名为海口，出租汽车平均每车年运营里程为15.18万公里。2016年我国36个中心城市出租汽车运营里程平均每车年运营里程情况见图6-12和表6-9。

从出租汽车平均每车年运营里程变化情况看，2016年我国36个中心城市共有27个城市的出租汽车平均每车年运营里程较2015年减少，青岛减少最多，同比减少29.8%；其次为南京，同比减少19.7%；第3名为杭州，同比减少18.0%。另外，呼和浩特市的出租汽车平均每车年运营里程较2015年增加0.92万公里，增长比例最大，同比增长9.0%。2016年我国36个中心城市出租汽车运营里程平均每车年运营里程增长情况见图6-13和表6-9。

第六章 出租汽车

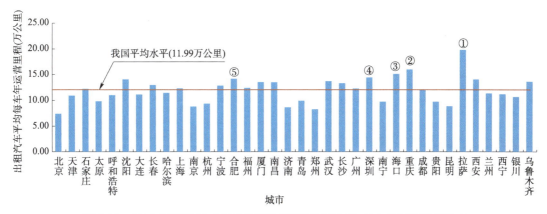

图 6-12　2016 年我国 36 个城市出租汽车运营里程平均每车年运营里程情况

注：数据来源于 2016 年《城市（县城）客运统计》。

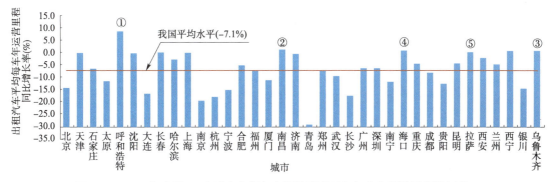

图 6-13　2016 年我国 36 个城市出租汽车运营里程平均每车年运营里程增长情况

注：数据来源于 2016 年《城市（县城）客运统计》。

2016年我国36个中心城市出租汽车运营里程发展情况　　　　表6-9

城市	运营里程（万公里）	同比增长率（%）	平均每车年运营里程（万公里）	同比增长率（%）
北京	509973（↓79842）	-13.5	7.45（↓1.19）	-13.8
天津	346921（↑793）	0.2	10.86（↑0.02）	0.2
石家庄	96171（↓5135）	-5.1	12.41（↓0.84）	-6.3
太原	84174（↓8882）	-9.5	9.91（↓1.31）	-11.7
呼和浩特	73118（↑6050）	9.0	11.13（↑0.92）	9.0
沈阳	262448（↓2937）	-1.1	14.12	0.0
大连	125405（↓25199）	-16.7	11.21（↓2.18）	-16.3
长春	239338（↑130）	0.1	12.91（↑0.01）	0.1
哈尔滨	208694（↑12930）	6.6	11.47（↓0.34）	-2.9
上海	578651（↓29837）	-4.9	12.24（↓0.03）	-0.2
南京	121975（↓29957）	-19.7	8.85（↓2.17）	-19.7
杭州	116209（↓19497）	-14.4	9.52（↓2.09）	-18.0
宁波	59128（↓10583）	-15.2	12.78（↓2.29）	-15.2
合肥	134086（↓7370）	-5.2	14.26（↓0.78）	-5.2
福州	79414（↓7652）	-8.8	12.52（↓0.98）	-7.3

续上表

城市	运营里程（万公里）	同比增长率(%)	平均每车年运营里程（万公里）	同比增长率(%)
厦门	79125 (↓6913)	-8.0	13.50 (↓1.68)	-11.1
南昌	73643 (↑1110)	1.5	13.51 (↑0.20)	1.5
济南	77963 (↓453)	-0.6	8.71 (↓0.04)	-0.5
青岛	100747 (↓42469)	-29.7	10.03 (↓4.25)	-29.8
郑州	89623 (↓4790)	-5.1	8.22 (↓0.59)	-6.7
武汉	238778 (↓15243)	-6.0	13.74 (↓1.43)	-9.4
长沙	104360 (↓21755)	-17.3	13.35 (↓2.78)	-17.3
广州	270930 (↓17518)	-6.1	12.26 (↓0.84)	-6.4
深圳	256903 (↑1413)	0.6	14.40 (↓1.00)	-6.5
南宁	66068 (↓7866)	-10.6	9.69 (↓1.31)	-11.9
海口	40670 (↓677)	-1.6	15.18 (↑0.13)	0.9
重庆	337992 (↓8330)	-2.4	16.02 (↓0.77)	-4.6
成都	160449 (↓46039)	-22.3	11.89 (↓1.07)	-8.3
贵阳	78853 (↓9513)	-10.8	9.81 (↓1.44)	-12.8
昆明	73974 (↓7155)	-8.8	9.04 (↓0.43)	-4.5
拉萨	32971 (↑103)	0.3	19.77 (↑0.06)	0.3
西安	194797 (↓846)	-0.4	14.10 (↓0.33)	-2.3
兰州	109208 (↑16973)	18.4	11.40 (↓0.58)	-4.8
西宁	63350 (↑445)	0.7	11.18 (↑0.08)	0.7
银川	52349 (↓8937)	-14.6	10.62 (↓1.81)	-14.6
乌鲁木齐	169405 (↑2124)	1.3	13.73 (↑0.17)	1.3

注：1. 数据来源于2016年《城市（县城）客运统计》。
2. ↑表示2016年运营里程增加，↓表示2016年运营里程减少。

二、客运量

截至2016年年底，我国出租汽车共完成客运量377.35亿人次，比2015年减少19.39亿人次，同比减少4.9%。

我国31个省（自治区、直辖市）中，黑龙江出租汽车客运量最大，达32.30亿人次；其次是辽宁，出租汽车客运量为28.00亿人次；位列第3位的是吉林，出租汽车客运量为19.90亿人次。2016年我国31个省（自治区、直辖市）出租汽车客运量情况见图6-14和表6-10。

从我国出租汽车客运量变化情况看，2016年我国31个省（自治区、直辖市）出租汽车平均出租汽车客运量同比减少4.5%。全国31个省（自治区、直辖市）中共计23个省（自治区、直辖市）的出租汽车客运量较2015年减少，北京减少最多，同比减少18.9%；其次是吉林，同比减少18.2%；第3名是宁夏，同比减少16.9%。另外，内蒙古、海南、贵州、青海等省（自治区、直辖市）出租汽车客运量较2015年有所增加，内蒙古出租汽车客运量增长比例最大，同比增长15.8%。2016年我国31个省（自治区、直辖市）出租汽车客运量增长情况见图6-15和表6-10。

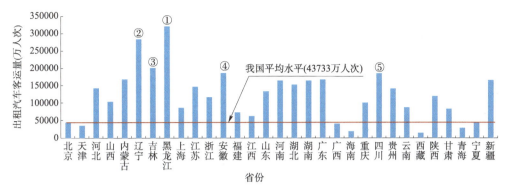

图6-14 2016年我国31个省（自治区、直辖市）出租汽车客运量情况

注：数据来源于2016年《城市（县城）客运统计》。

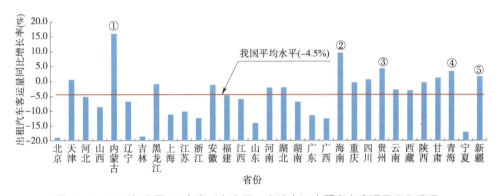

图6-15 2016年我国31个省（自治区、直辖市）出租汽车客运量变化情况

注：数据来源于2016年《城市（县城）客运统计》。

2016年我国31个省（自治区、直辖市）出租汽车客运量发展情况 表6-10

地区	客运量（万人次）	同比增长率(%)	地区	客运量（万人次）	同比增长率(%)
合计	3773523（↓193881）	-4.9	河南	162123（↓3616）	-2.2
北京	47665（↓11085）	-18.9	湖北	153036（↓2992）	-1.9
天津	37465（↑287）	0.8	湖南	164268（↓12117）	-6.9
河北	139156（↓7524）	-5.1	广东	163973（↓21425）	-11.6
山西	103126（↓9621）	-8.5	广西	39556（↓5517）	-12.2
内蒙古	169739（↑23145）	15.8	海南	17081（↑1513）	9.7
辽宁	280047（↓20170）	-6.7	重庆	99886（↓510）	-0.5
吉林	199005（↓44270）	-18.2	四川	181697（↑485）	0.3
黑龙江	323026（↓3373）	-1.0	贵州	143520（↑5824）	4.2
上海	86240（↓10913）	-11.2	云南	88604（↓2739）	-3.0
江苏	146362（↓16182）	-10.0	西藏	14599（↓463）	-3.1
浙江	116193（↓16481）	-12.4	陕西	120838（↓859）	-0.7
安徽	182735（↓2056）	-1.1	甘肃	85438（↑850）	1.0
福建	73044（↓3333）	-4.4	青海	29801（↑896）	3.1
江西	61976（↓4005）	-6.1	宁夏	43171（↓8773）	-16.9
山东	131924（↓21360）	-13.9	新疆	168229（↑2503）	1.5

注：1. 数据来源于2016年《城市（县城）客运统计》。
2. ↑表示2016年客运量增加，↓表示2016年客运量减少。

截至 2016 年年底，我国 36 个中心城市中，上海出租汽车客运量最大，为 8.62 亿人次；其次是重庆，出租汽车客运量达 8.53 亿人次；位列第 3 位的是哈尔滨，出租汽车客运量为 5.69 亿人次。

从我国出租汽车客运量变化情况看，2016 年我国 36 个中心城市中共计 26 个城市出租汽车客运量较 2015 年减少，长春减少最多，同比减少 56.2%；其次是银川和大连，同比减少 34.2%。有 10 个城市出租汽车客运量较 2015 年有所增加，哈尔滨出租汽车客运量增长比例最大，同比增长 13.5%；其次是兰州，同比增长 8.1%。2016 年我国 36 个中心城市出租汽车客运量增长情况详见表 6-11。

2016年我国36个中心城市出租汽车客运量发展情况　　　　　　表6-11

城市	客运量（万人次）	同比增长率（%）	城市	客运量（万人次）	同比增长率（%）
北京	47665（↓11085）	-18.9	青岛	17167（↓7483）	-30.4
天津	37465（↑287）	0.8	郑州	25631（↓3904）	-13.2
石家庄	17185（↓1991）	-10.4	武汉	43300（↑2684）	6.6
太原	18087（↓3747）	-17.2	长沙	28524（↓5689）	-16.6
呼和浩特	10404（↑133）	1.3	广州	56301（↓9464）	-14.4
沈阳	49865（↓558）	-1.1	深圳	37362（↓1751）	-4.5
大连	28578（↓14842）	-34.2	南宁	10418（↓4255）	-29.0
长春	33448（↓42886）	-56.2	海口	9305（↑253）	2.8
哈尔滨	56909（↑6783）	13.5	重庆	85294（↓1654）	-1.9
上海	86240（↓10913）	-11.2	成都	29805（↓4131）	-12.2
南京	21719（↓8312）	-27.7	贵阳	33314（↓1970）	-5.6
杭州	22508（↓2020）	-8.2	昆明	14852（↓2295）	-13.4
宁波	11081（↓2041）	-15.6	拉萨	7468（↓671）	-8.2
合肥	27736（↓2177）	-7.3	西安	43504（↑315）	0.7
福州	22936（↑378）	1.7	兰州	26801（↑2006）	8.1
厦门	16533（↓2494）	-13.1	西宁	18753（↑19）	0.1
南昌	19303（↓3997）	-17.2	银川	13660（↓7101）	-34.2
济南	13085（↓2380）	-15.4	乌鲁木齐	28199（↑1076）	4.0

注：1. 数据来源于 2016 年《城市（县城）客运统计》。
　　2. ↑表示 2016 年客运量增加，↓表示 2016 年客运量减少。

三、里程利用率

截至 2016 年年底，我国出租汽车运营里程为 1552.50 亿公里，其中载客里程 1033.03 亿公里，里程利用率为 66.5%。我国出租汽车平均里程利用率为 67.3%。青海和贵州的出租汽车里程利用率位列前 2 位，为 80.7% 和 77.4%，吉林省位列第 3，出租汽车里程利用率为 76.2%，2016 年我国 31 个省（自治区、直辖市）出租汽车里程利用率情况见图 6-16 和表 6-12。

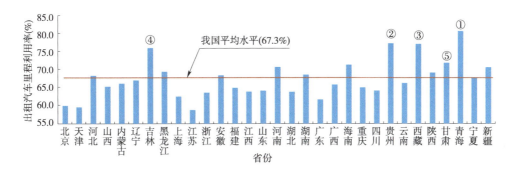

图6-16 2016年我国31个省（自治区、直辖市）出租汽车里程利用率情况

注：数据来源于2016年《城市（县城）客运统计》。

2016年我国31个省（自治区、直辖市）出租汽车里程利用率情况　　表6-12

地区	载客里程（万公里）	里程利用率（%）	地区	载客里程（万公里）	里程利用率（%）
北京	304966	59.8	湖北	371905	63.6
天津	206352	59.5	湖南	336196	68.3
河北	510637	68.1	广东	558457	61.6
山西	252699	65.3	广西	124435	65.9
内蒙古	456224	66.2	海南	67691	71.7
辽宁	779876	66.7	重庆	244699	65.1
吉林	579723	76.2	四川	377987	63.9
黑龙江	658765	69.5	贵州	224755	77.4
上海	361826	62.5	云南	159808	66.0
江苏	411868	58.7	西藏	40231	76.9
浙江	361057	63.5	陕西	318299	69.0
安徽	455915	68.1	甘肃	247846	71.9
福建	202641	64.8	青海	104275	80.7
江西	129031	63.9	宁夏	104520	67.6
山东	494762	64.0	新疆	408807	70.4
河南	474008	70.6	—	—	—

注：数据来源于2016年《城市（县城）客运统计》。

截至2016年年底，我国36个中心城市共有14个城市的出租汽车里程利用率超过全国平均水平，其中出租汽车里程利用率最高的为西宁，为82.3%，其次是拉萨，为80.5%，第3名是贵阳，为79.0%，具体情况见图6-17和表6-13。

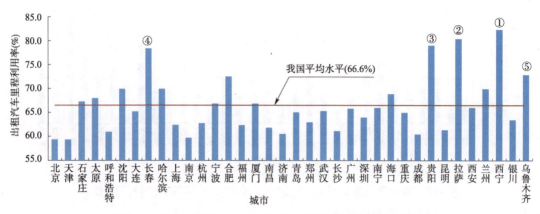

图6-17 2016年我国36个中心城市出租汽车里程利用率情况

注：数据来源于2016年《城市（县城）客运统计》。

2016年我国36个中心城市出租汽车里程利用率情况　　　　　　　　表6-13

城市	载客里程（万公里）	里程利用率（%）	城市	载客里程（万公里）	里程利用率（%）
北京	304966	59.8	青岛	65707	65.2
天津	206352	59.5	郑州	56463	63.0
石家庄	64669	67.2	武汉	156251	65.4
太原	57192	67.9	长沙	63784	61.1
呼和浩特	44602	61.0	广州	178656	65.9
沈阳	183714	70.0	深圳	164915	64.2
大连	81934	65.3	南宁	43777	66.3
长春	187672	78.4	海口	28097	69.1
哈尔滨	146014	70.0	重庆	220197	65.1
上海	361826	62.5	成都	97044	60.5
南京	72833	59.7	贵阳	62319	79.0
杭州	73024	62.8	昆明	45523	61.5
宁波	39528	66.9	拉萨	26542	80.5
合肥	97121	72.4	西安	129084	66.3
福州	49655	62.5	兰州	76332	69.9
厦门	52903	66.9	西宁	52140	82.3
南昌	45505	61.8	银川	33202	63.4
济南	47192	60.5	乌鲁木齐	123609	73.0

注：数据来源于2016年《城市（县城）客运统计》。

四、次均载客人数

截至2016年年底，我国31个省（自治区、直辖市）出租汽车次均载客人数为2.00次以上的省（自治区、直辖市）共 11 个。海南出租汽车次均载客人数最多，为 2.25 人次；其次是贵州，出租汽车次均载客人数为 2.22 次；第 3 名是江西，为 2.09 人次。2016 年我国 31 个省（自治区、直辖市）出租汽车次均载客人数情况见图 6-18 和表 6-14。

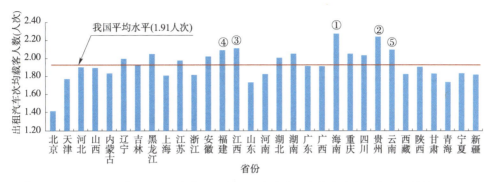

图 6-18　2016 年我国 31 个省（自治区、直辖市）出租汽车次均载客人数情况

注：数据来源于 2016 年《城市（县城）客运统计》。

2016年我国31个省（自治区、直辖市）出租汽车次均载客人数情况　　表6-14

地区	载客车次总数（万车次）	次均载客人数（人次）	地区	载客车次总数（万车次）	次均载客人数（人次）
北京	33946	1.40	湖北	76530	2.00
天津	21218	1.77	湖南	80885	2.03
河北	73590	1.89	广东	86076	1.90
山西	54750	1.88	广西	20827	1.90
内蒙古	92578	1.83	海南	7593	2.25
辽宁	141229	1.98	重庆	49119	2.03
吉林	103470	1.92	四川	90459	2.01
黑龙江	159348	2.03	贵州	64553	2.22
上海	47911	1.80	云南	42724	2.07
江苏	74727	1.96	西藏	8046	1.81
浙江	64372	1.81	陕西	63672	1.90
安徽	90895	2.01	甘肃	47126	1.81
福建	35226	2.07	青海	17224	1.73
江西	29607	2.09	宁夏	23628	1.83
山东	76807	1.72	新疆	93014	1.81
河南	89465	1.81	—	—	—

注：数据来源于 2016 年《城市（县城）客运统计》。

截至 2016 年年底，我国 36 个中心城市中有 21 个城市的出租汽车次均载客人数超过全国平均水平，其中出租汽车均载客人数最高的是贵阳，为 2.40 人次，其次是南昌，为 2.25 人次，第 3 名是福州，为 2.20 人次，2016 年我国 36 个中心城市出租汽车次均载客人数情况见图 6-19 和表 6-15。

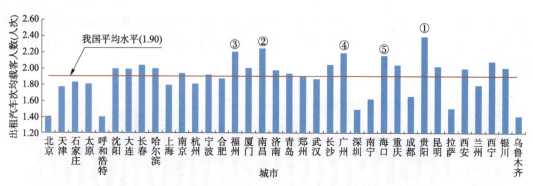

图 6-19 2016 年我国 36 个中心城市出租汽车次均载客人数情况

注：数据来源于 2016 年《城市（县城）客运统计》。

2016年我国36个中心城市出租汽车次均载客人数情况　　　　表6-15

城市	载客车次总数（万车次）	次均载客人数（人次）	城市	载客车次总数（万车次）	次均载客人数（人次）
北京	33946	1.40	青岛	8834	1.94
天津	21218	1.77	郑州	13438	1.91
石家庄	9391	1.83	武汉	23151	1.87
太原	9984	1.81	长沙	13894	2.05
呼和浩特	7432	1.40	广州	25552	2.20
沈阳	24933	2.00	深圳	24908	1.50
大连	14289	2.00	南宁	6433	1.62
长春	16336	2.05	海口	4301	2.16
哈尔滨	28420	2.00	重庆	41461	2.06
上海	47911	1.80	成都	18042	1.65
南京	11156	1.95	贵阳	13877	2.40
杭州	12431	1.81	昆明	7344	2.02
宁波	5759	1.92	拉萨	4954	1.51
合肥	14762	1.88	西安	21839	1.99
福州	10414	2.20	兰州	14908	1.80
厦门	8244	2.01	西宁	9017	2.08
南昌	8565	2.25	银川	6768	2.02
济南	6561	1.99	乌鲁木齐	19858	1.42

注：数据来源于 2016 年《城市（县城）客运统计》。

专题篇

SPECIFIC TOPICS

第七章　公交都市创建

第一节　国家公交都市示范工程取得积极成效

自 2012 年在深圳召开全国城市公共交通工作会议，正式启动公交都市创建以来，交通运输部在"十二五"期间先后确定了两批 37 个城市开展公交都市创建，覆盖了全国所有直辖市、绝大部分省会城市、计划单列市和部分地级城市。根据《国务院关于印发"十三五"现代综合交通运输体系发展规划的通知》（国发〔2017〕11 号）和《城市公共交通"十三五"规划纲要》，"十三五"期间将全面推进公交都市建设，重点支持地市级以上城市开展公交都市创建工作。

公交都市创建示范工程开展以来，"公交优先"的发展理念越来越深入人心，公交都市已经成为推进落实公交优先发展战略的重要抓手，成为凝聚城市公交改革发展共识的重要平台，成为创新推动城市交通运输发展的重要品牌。近年来，各级交通运输主管部门特别是各公交都市创建城市认真贯彻落实国家及交通运输部的部署安排，在地方党委、政府的统一领导下，紧密联合有关部门，充分发挥城市公共交通企业的主体作用，主动作为，扎实推进公交都市建设工作，取得了明显成效，服务民生和促进城市经济社会发展的能力显著增强。

一、城市公共交通发展组织保障更加有力

公交都市创建进一步深化了政府及各部门对公交优先发展的认识，公交优先发展逐步由"部门行为"向"政府行为"转变。一是机制更加完善。各创建城市普遍建立了政府牵头、各部门协作的联合工作机制，每年分解任务，加强督办考核，确保工作落到实处。江苏省建立了省领导召集、17 个相关部门为成员的城市客运工作联席会议机制；银川、新乡等地成立"公交都市创建指挥部""公交都市创建工作办公室"，加强对创建任务的监督；苏州成立公共交通乘客委员会，公开招募社会乘客委员，积极引导公众参与城市公交发展。二是顶层设计加快。围绕公交优先发展理念，加强城市公交法规制度和政策体系建设。交通运输部研究制定了《城市公共汽车电车客运管理规定》等部门规章，沈阳、天津出台了《沈阳市城市公共汽车客运管理条例》和《天津市客运公共交通管理条例》。三是大交通体制改革逐步推进。各创建城市基本都建立了"一城一交"的管理体制，综合交通管理水平得到提升。兰州、贵阳整合发展改革、住房城乡建设、交通管理等部门涉及交通的相关职责，建立了"一城一交"管理体制，综合交通管理水平得到提升。

二、城市公共交通出行服务模式不断创新

各创建城市以公交都市建设为载体，加大供给侧结构性改革力度，积极创新和丰富服务模式，不断提高服务品质，更好地满足公众出行需求。一是服务覆盖度进一步提升。公共汽电车运营线路规模不断扩大，覆盖广度和深度进一步提升，公共服务均等化水平不断提高。城市轨道交通、快速公交系统、公交专用道和公交场站建设加快推进，车辆装备条件明显提升。截至 2016 年年底，37 个公交都市创建城市公共汽电车运营线路、轨道交通线路、BRT 线路和公交专用道长度分别占总量的 27%、93%、49% 和 60%，年完成客运量占总量将近一半。二是服务更加精细化。各地积极应用大数据、云服务、"互联网+"等现代信息技术，大力发展智慧公交建设，加强公共交通运营状态监测，实施智能调度管理，不断提升服务

的准确性和精细化。"畅行江苏"等公交出行 APP，以及高德地图、百度地图等地图软件实现了与城市公共交通实时信息的连接与应用，基于手机定位的服务应用逐渐普及，更加方便了公众出行。三是服务方式不断创新。各地积极探索商务巴士、社区巴士、水上巴士等特色公交服务，逐步形成了多层次、差异化的服务体系，较好地满足了不同层次的出行需求。四是城市绿色出行体系不断完善。新能源汽车在城市客运领域加快推广应用，特别是国家层面对新能源公交车建立了专项运营补贴后，为新能源车辆的发展注入了强大动力。杭州结合"绿色交通城市"建设和城市交通拥堵治理，已于2016年年底实现主城区新能源和清洁能源公交车辆比例100%。各地积极引导公众绿色出行，加快步行道、自行车道等慢行系统建设。沈阳自公交都市创建以来，改造了94条道路慢行系统，总长度为85公里；福州结合内河整治，打造出总长160多公里的"绿岛链"休闲步行系统。基于移动互联网的租赁自行车服务（俗称"共享单车"）快速发展，受到了用户欢迎。

三、城市公共交通持续发展能力明显增强

各创建城市在积极推动城市公共交通设施设备建设和服务提升的同时，加快探索提升城市公共交通可持续发展能力的方法与途径。一是坚持公交引领城市发展。推动以"公共交通为导向"的城市开发模式，以轨道交通站点、公交枢纽场站为中心，加快城市组团的紧凑型开发。苏州建立了以公交为导向的城市发展模式，在城铁综合商务区试点，推进落实轨道交通线网 P+R 停车换乘和土地综合开发，发挥公共交通引导土地开发的作用。二是完善运营管理体制。长春、沈阳、海口等城市积极推动公交行业体制改革，研究制定改革方案，逐步改变经营者数量多、结构复杂、线路重合严重等问题。三是扶持公交发展的政策实现新突破。各地积极探索公交场站土地综合开发、政府购买公共交通服务等方式，南昌支持实施公交场站土地综合开发，并将综合开发收益用于公共交通基础设施建设和弥补运营亏损；青岛基于"企业全成本核算"制定了政府购买服务、补贴、成本规制、服务考核等一揽子政策；济南、新乡建立了城市公共交通专项资金；上海实施老年综合津贴制度，将传统"免费乘车"调整为定额补贴，创新补贴方式。四是企业探索多元化发展。南昌、银川鼓励支持公交企业依托优势在天然气、汽柴油等能源销售、场站物业综合开发等方面延伸产业链，城市鼓励公交企业在坚持主业的同时适度发展副业，提升"造血"和抗风险能力。

第二节 省级积极开展公交优先示范城市建设

交通运输部以公交都市建设示范工程为载体，支持和推动有关城市加快落实优先发展城市公共交通的战略部署。与此同时，安徽、江西、河南等省份交通运输主管部门借鉴国家"公交都市"创建工作经验，积极主动作为，在省内组织开展了优先发展公共交通示范建设活动。通过搭建省级创建平台，制定出台相关扶持政策，指导和推动城市公共交通优先发展进一步得到落实，为有效提升城市公共交通服务质量和服务水平奠定基础。

一、安徽省开展优先发展公共交通示范城市创建

为贯彻落实国家公共交通优先发展战略，提高城市公共交通服务水平，治理城市交通拥堵和大气污染，安徽省交通运输厅决定开展"优先发展公共交通示范城市"创建工作，并于2015年10月26日制定印发了《关于印发"优先发展公共交通示范城市"创建工作方案的通知》（皖交运〔2015〕120号，以下简称《通知》）。根据安排，从2016年起至2020年，安徽省辖市和县城将有序推进"优先发展公共交通

示范城市"创建活动，每批创建城市创建周期为3年。安徽省交通运输厅将与创建城市人民政府签订《共建省级"优先发展公共交通示范城市"合作框架协议》，并对创建城市给予必要支持，保障创建工作顺利实施。《通知》明确了机动化出行比例、乘客满意度、城区万人公共交通车辆保有量、驾驶员"人车比"、电子站牌建设等18个具体的创建指标，涵盖城市公共交通管理、服务、安全、信息化等诸多方面。在创建目标确定方面，充分考虑省辖市、县城的人口规模、发展现状等因素，合理确定创建目标。《通知》规定，将对各创建城市进行绩效考评，以推动创建目标实现。

2016年4月19日，安徽省交通运输厅公布首批创建"优先发展公共交通示范城市"名单，铜陵市、马鞍山市、六安市、宿州市、阜阳市、芜湖县、天长市、舒城县、庐江县、广德县共10个市、县入选，入选城市创建周期3年，创建期满，经验收合格，将被授予"安徽省优先发展公共交通示范城市"称号。

为了加大资金扶持力度，安徽省财政厅、安徽省交通运输厅于2016年5月16日联合印发了《安徽省公共交通示范城市专项资金管理暂行办法》，明确从2016年起，安徽省财政设立公共交通示范城市专项资金，用于引导城市政府优先发展公共交通，提高政府基本公共服务水平。根据该办法规定，专项资金实行定额补助，原则上每个省辖市在创建期内补助不超过4000万元，每个县(市、区)在创建期内补助不超过1000万元。专项资金使用范围包括：支持公共交通基础设施建设项目（主要是停保场、枢纽站、首末站等基础设施建设）；支持公共交通车辆购置，优先支持新能源车辆的购置；支持公共交通信息化建设及升级。为规范资金使用，安徽省交通运输厅、安徽省财政厅将对各创建城市实施考核和组织绩效评价，考核评价结果作为后续项目安排和资金分配的重要依据。

二、江西省开展"公交城市"创建试点

为深入贯彻落实城市公交优先发展战略，加快推进全省城市公共交通事业发展，2016年3月，江西省交通运输厅与江西省财政厅联合印发《2016年江西省"公交城市"试点创建工作申报指南》，面向全省各设区市开展"公交城市"试点工程，重点围绕提升装备水平、提高服务质量及配套政策保障措施等方面提高城市公共交通的发展水平。

自2016年起，江西省财政将从油补资金中每年设立2000万元专项资金用于支持"公交城市"创建工作，每批试点城市创建周期为3年。经该省各设区市根据本地经济发展水平和公共交通发展需要提出创建试点申报，并由省交通运输厅、省财政厅组织专家评审，赣州市、上饶市被列为2016年江西省"公交城市"创建工作试点城市，将于2018年底进行考核验收。

三、河南省推动省级公交优先示范城市创建

为充分调动各方面的积极性，促进城市公共交通良性发展，提高全省城市公共交通服务水平，2014年，河南省交通运输厅组织开展了2014—2016年全省"公交优先"示范城市创建活动，面向省辖市和省直管县(市)。2014年，确定了许昌、驻马店、焦作、安阳4个省辖市和巩义、邓州2个直管县(市)作为"公交优先示范城市"创建城市，并对示范城市快速公交系统，公共交通运营监管平台系统、公交智能化运营调度管理系统、城市公众出行信息服务平台系统、公交港湾站、公共自行车服务系统等建设和购置清洁能源公交车辆，按照现行基本建设项目申报程序报批后给予必要的资金支持，每年给予不超过1000万元补贴资金。同时，河南省通过监督考核和动态管理等举措，规范和指导创建城市开展创建工作，确保创建取得实效。

第三节 公交都市创建地方经验

一、上海提升公共交通服务品质 建设高标准公交都市

上海市创建国家公交都市以来，坚持以群众感受为评价标准，立足于建设公众满意的高品质公共交通，以便捷、可靠、舒适、安全为要求，强化公众乘坐公共交通的便捷性和可靠性、突出舒适性、确保安全性，着力提升公共交通吸引力，以轨道交通为骨干、公共汽（电）车为基础、水上轮渡为补充、慢行交通为延伸的公共交通综合体系基本形成。在提升公共交通服务品质方面，主要做法如下：

1. 强化公共交通的便捷性

（1）持续完善轨道交通网络。持续推进轨道交通建设，完善轨道交通运营网络，运营线路和里程不断提升，基本形成网络化运营。2015年轨道交通准点率为98.8%，轨道交通站点服务水平较好，已基本适应上海城市经济社会发展的需求，基本适应现代化国际大都市居民出行的基本需求以及绿色节能环保的要求。

（2）延长轨交运营时间、缩短发车间隔。目前多数线路运营时间为17小时，运营时间最长的为17小时20分钟。首班车最早发车时间为5:30，多数线路末班车最晚发车时间为22:30。通过缩短轨道交通高峰时段发车间隔，疏解骨干线路高峰时段客流拥挤程度，早高峰发车间隔最短的为1、6号线，为2分15秒至2分44秒。

（3）不断优化公交线网。在征求公众意见调整公交线网的基础上，认真研究制定更为民主和科学的线网优化标准，引入交通行业公众意见征询委员会（2015年12月成立）广泛接受市民代表、人大代表和政协委员的评估意见和改进建议，制定了《上海市公共汽（电）车客运线路优化导则》，推动公交线路的新辟、调整和终止有据可依。

（4）推进公交与轨交两网融合。将轨道交通站点与公交站点衔接情况作为公交都市创建特色指标，推进轨道交通站点出入口50米范围内公交覆盖，以及轨道交通站点首末班车有公交班次对接，并与周边公交线路首末班车时间紧密衔接。

（5）建设多层次的公共交通系统。重点在郊区新城、中心城等有条件的道路积极发展现代有轨电车和快速公交系统，与轨道交通网络紧密衔接。延安路中运量公交示范工程于6月25日正式动工，7月在试验线路上试运行，9月底前完成购车招标工作、2017年年初完成车辆交付。松江有轨电车T1正线已全面施工，T2正线示范线段于2016年12月试行通车。组织编制《上海市现代有轨电车运营管理规范》等规范。

（6）因地制宜丰富公交品种。为配合国际旅游度假区交通保障工作，积极开通市内主要交通枢纽至度假区的直达集约化交通——商旅快线，由5家客运企业开通7条市内商旅快线。所有线路投放不低于50%比例的纯电动车大客车，喷涂统一车身颜色和标识，并全程由卫星定位系统动态监控。

2. 提升公共交通出行的可计划性

（1）加强公交专用道规划建设和执法管理。建成300公里的公交专用道规模，并配套跟进社会车辆高峰时段违规占用公交专用道的执法管理。2015年制定出台《上海市公交专用道管理暂行办法》，规定了公交专用道编制专项规划和制定设置规范、使用、借用及禁行规则。试点开展SCATS系统公交信号优先，定期开展公交专用道运行情况后评估。探索路中式等公交专用道设置形式，提高公交专用道设置水平和运行车速。

（2）加快公交电子站牌建设。全市公交站亭已完成1700块具有实时动态信息发布的太阳能电子站牌，70余块具有中英文发布功能的首末站智能发车屏，为候车乘客提供实时、准确的车辆到站预报，将逐步实现中心城区有条件的公交站亭电子站牌全覆盖，见图7-1。

（3）发布公交时刻表。针对班次间隔 15 分钟以上、尚难建设电子站牌的线路，试点发布公交时刻表。全市 192 条"最后一公里"线路，其中 117 条线路已经实施了时刻表挂牌服务，见图 7-2。

图 7-1　上海市公交电子站牌

图 7-2　上海 930 路公交时刻表

（4）推进站点二维码标识。4635 个公交站点设置了二维码标识，实现手机扫描即可知晓该站经停公交车的到站信息，覆盖中心城区和宝山区。

（5）发布上海公交 APP。2014 年，推出了"上海公交"手机 APP，覆盖 950 多条线路，1.4 万辆公交车。"上海公交"APP 被评为"上海智慧城市建设十大优秀应用"，下载量超过 200 万次，每日访问量超过 80 万人次，见图 7-3。此外，发布了上海地铁官方指南手机 APP 应用，帮助公众查询路网信息、换乘路径、出入口信息、站内外服务设施（无障碍设施、厕所等）、各站点首末班车时间等，见图 7-4。

图 7-3　上海公交手机客户端　　　　　　　　图 7-4　上海地铁官方指南

（6）发展公交智能集群调度。推进上海公交统一的集群调度软件的试点运用。实现对公交实时客流信息、油耗信息、车辆安全状态等关键动态信息的实时采集，满足公交行业监管的需求，并在此基础上进行客流特征分析、成本规制、线网优化、节能减排等深度分析，为公交线网整体优化、公交运能运力合理调配提供技术支撑。

3. 提升公共交通出行的舒适性

（1）提高车辆的舒适度和环保水平。本市每年滚动制订公交车辆更新计划，加快公交车辆报废更新，确保每年更新的公交车中节能和新能源车辆应用比例达到 60% 以上。将以纯电动公交车为主要技术路径，加快实现中心城区和郊区新城公交"零排放"。

（2）加快公共交通车辆 Wi-Fi 覆盖。轨道交通线路和浦东公交线路已配备无线局域网（Wi-Fi）服务，乘客在地铁车厢连接"花生 Wi-Fi"信号或下载安装公交 Wi-Fi 客户端，即可在地铁和公交车厢免费上网。

浦东公交3800余辆公交车实现Wi-Fi全覆盖，并与车辆GPS系统、站台电子站牌等联网，可实时采集拥堵路段、行驶速度、车辆运行中的突发情况或交通事故等，方便调度，及时调整运能。

4. 确保公共交通出行的安全性

（1）实时监控轨交客流拥挤度。建设轨道交通运行监控和信息发布系统，实时采集和监控轨道交通线路运行状态和拥挤度，自动采集、识别各条线路运行正常或故障停运状态及车厢内客流拥挤情况以及各个站点进、出站客流量。以绿、黄、红三种颜色分别表示运营畅通、运营拥挤、运营中断，并通过显示屏实时向乘客发布。同时，通过轨道交通官方微博、公共交通网站等为乘客发布轨交运行状态、公交出行线路规划和公交换乘信息服务，提高了公共交通信息服务能力。

（2）加强轨道交通大客流安全防控。通过优化行车组织、车站限流、闸机设置等措施，确保轨道交通安全运行。强化大客流应急联动，完善保障车站大客流集散的公交联动运输计划。加强重大活动、节假日下轨道交通大客流安全风险防控。

二、济南市创新服务形式提升服务品质

济南市依托公交都市示范工程，积极建设以公共交通为引领的绿色出行体系，大力推进"三优公交"，按照"公交优先、公交优秀、公交优质"的要求，改善公共交通硬件设施和运营服务质量，使公共交通更具吸引力，让公共交通更便捷、清洁、高效。

1. 创新服务形式，满足群众多样化出行需求

一是推出了"零时公交"服务模式，开通线路13条，基本形成了"井"字形和"米"字形夜间服务网络。二是在90余条普通线路上推出附设K系列空调车的运行模式，实现了普豪混跑，进一步提升了乘客出行舒适度。三是配合党政机关公车改革，开通通勤定制公交线路154条。推进支线网络构建，开通社区公交线路11条，解决居民乘车"最后一公里"难题。四是运用大数据分析成果，深化乘客出行规律和公交线网规划研究，开通了多条高峰通勤线路，逐步构建高峰通勤网；开通了T3路高峰通勤快速巴士线路，满足市民高峰期出行需求。

2. 坚持科技引领，推进智能公交建设

一是精准掌握公交客流量及客流特征情况。通过对200多万联通用户、近170亿条加密处理后的手机话单数据分析，并将近3年数据分析结果纵向对比，掌握居民出行特征与变化规律，对济南市实时交通热点问题等进行全面论证。二是积极推进"互联网+公交"服务。整合多款来车预报手机软件，推出"369出行"手机APP，提供来车预报、IC卡充值、定制公交、公交线路规划等功能。三是启动智能公交站台建设，已完成智能电子站牌400余处，新建智能候车亭678处。四是推广应用智能收费系统。369出行APP推出IC卡充值业务，与支付宝、中国银联等公司合作。五是充分发挥智能调度系统功能，在26条公交线路上实施了"定点发车、准时到站"服务举措，积极推进"守时公交"建设，最大限度减少乘客的候车时间。

3. 强化安全管理，确保乘客平安出行

一是以政府购买服务的方式，按照"先重点、后一般"的原则，济南市财政每年投入3000万元，为客运量较大的公交线路配备了公交安保乘务人员。二是不断加强公交运营安全管理。近年来，通过实施"科技兴安"、推行驾驶员"情绪管理"等多项措施，不断创新安全监管模式，济南市公交安全生产形势保持稳定，公共汽电车责任事故死亡率严控在0.019人/百万车公里以内。

三、青岛市建立健全政府购买公交服务制度

2016年6月，青岛市出台了公共汽电车运营服务计划、运营服务考核、运营成本规制、运营政策补

贴等一揽子政策，通过政府主导制定服务数量与质量标准，探索城市公共交通从财政补贴模式向政府购买服务模式转变，保障城市公共交通健康可持续发展。一揽子政策在"企业全成本核算"基础上形成了具有青岛特色的制度体系：以《政府购买服务管理办法》为指导，以《年度运营服务计划》为依据，以《运营财政补贴办法》为核心，以《运营成本规制办法》为支撑，以《运营服务考核办法》为保障，初步确立了系统性方案。

《年度运营服务计划》由政府部门主导制定，明确了城市公交的基本服务数量和质量标准；公交企业据此提供服务、控制成本、保障质量、财政部门据此进行运营成本及财政补贴的预算与核定，交通部门据此实施公交运营服务监管与绩效考核。《运营财政补贴办法》理清了市与区对公交运营补贴的支出责任，实现了财政补贴与公交企业运营服务绩效考核结果相挂钩，实现政府购买服务补贴资金纳入城市年度预算。《运营成本规制办法》通过合理界定公交企业运营成本项目及成本规制方法，促使企业加强内部成本控制，并为调整票制票价提供依据，构建政府控制下的"运营成本＋合理利润"式的市场定价机制。《运营服务考核办法》通过科学设置考核项目和标准，并把财政补贴与运营服务绩效考核结果挂钩，激发公交企业提升服务质量、节约运营成本的内生动力，培育适度竞争的公共交通市场结构，逐步从特许经营模式走向招投标模式。

通过制定出台政府购买服务一揽子政策文件：一是实现了财政预算精细化和精准化。交通与财政部门共同制订运营服务计划，兼顾了公共交通服务需求与财政承受能力，使财政补贴预算更加科学合理，补贴数额更加精准可控，有利于实现财政可持续。二是实现了财政补贴与考核结果挂钩。公交企业可获得的最高奖励为核定财政补贴额的2%，可扣减的最高处罚为核定财政补贴额的6%，"正向＋逆向"奖惩机制促使公交企业进一步提质增效，提升服务质量。三是建立了财政补贴市与区共担机制。由市财政统一将补贴资金列入市级年度财政预算，通过"按季预拨＋次年清算"的方式拨付公交企业，各级财政事权与支出责任更加清晰。四是优化了运营成本规制与核定方法。对公交企业成本项的规制办法进行了全面优化，重点调整了占公交企业总运营成本70%以上的人员工资性支出和燃料消耗费两项成本的核定办法。

四、南昌市积极推进公共交通场站综合开发

南昌市出台了《南昌市人民政府关于促进城市公共交通优先发展的意见》等发展政策，对规划提供给公交的公共交通设施用地，支持公交企业按照市场化原则实施土地综合开发，公共交通用地综合开发的收益用于公共交通基础设施建设和弥补运营亏损。

2015年建成并投入使用的南昌公交营运中心（图7-5）项目占地55亩，总建筑面积8.7万平方米，总投资约3.2亿元，其建有江西省首座公交立体停车库，停车位302个，该项目不仅有效缓解了南昌市城北片区公交车停放压力，而且办公楼除公交办公自用外，还用于对外出租，财务预测十年左右综合开发收入即可收回全部投资成本。

在建的朝阳公交枢纽站（图7-6）占地约55亩，总建设面积约9.7万平方米，总投资约3.2亿元，公交停车位250个，其中建有保障性住房354套约2万平方米，是一座集保障性住房、公交立体停车场、公交车修理、维护、始发、商业出租等为一体的大型综合性现代化枢纽站。项目建成后将成为朝阳片区最重要的交通基

图7-5　公交营运中心

础设施,为群众出行提供更为便利、快捷的交通保障,同时作为朝阳片区的第一个城市综合体项目对于提升片区的人气和商机,带动经济发展有着重要的意义。

图 7-6　朝阳公交枢纽

第八章　深化出租汽车行业改革

第一节　概况

出租汽车行业是城市重要的窗口服务行业，对于完善城市功能、方便群众出行、扩大社会就业具有重要作用。2016年7月26日，国务院办公厅印发了《国务院办公厅关于深化改革推进出租汽车行业健康发展的指导意见》（国办发〔2016〕58号）（以下简称《指导意见》）。7月27日，交通运输部会同工业和信息化部等7个部门联合发布《网络预约出租汽车经营服务管理暂行办法》（交通运输部　工业和信息化部　公安部　商务部　工商总局　质检总局　国家网信办令　2016年第60号）（以下简称《暂行办法》），于2016年11月1日起正式实施。两个文件的正式发布，对推进出租汽车行业治理体系和治理能力现代化具有重要意义，也给解决出租汽车行业管理这一世界性难题提供了中国样本。两个文件发布后，各地交通运输部门在当地党委、政府领导下，加强与有关部门的协调，积极推进改革政策落地实施，做了大量工作，取得了阶段性成效。

一、行业改革制度框架基本确立

出租汽车行业改革与发展事关人民群众出行，事关社会稳定大局。党中央、国务院高度重视出租汽车行业改革发展稳定工作。《指导意见》和《暂行办法》两份文件制定过程中，充分征求和广泛吸收了各级人民政府、各相关部门、专家学者、行业协会、出租汽车企业、网约车企业及从业人员、消费者等社会各方面的意见和建议，凝聚了各方共识，取得了改革最大公约数。两份文件突出了供给侧结构性改革，明确了出租汽车在城市综合交通运输体系中的定位，充分考虑了传统行业长期积累的复杂历史矛盾和互联网新业态带来的新机遇、新挑战，注重中央顶层设计与地方实际的统分结合，是当前稳慎推进出租汽车行业体制改革和新业态创新规范发展的现实选择，对于指导地方推进出租汽车行业改革、改进提升运输服务水平、依法规范发展网络预约出租汽车、促进出租汽车行业长期稳定健康发展，具有十分重要的意义。

《指导意见》和《暂行办法》搭建了深化出租汽车行业改革的顶层设计，明确了巡游车转型升级和提升服务的要求，规定了网约车规范发展的安全和服务底线要求，指明了改革发展的总体方向。《指导意见》要求充分发挥市场机制作用和政府引导作用，在优先发展公共交通、适度发展出租汽车的思路下，按照"坚持乘客为本、坚持改革创新、坚持统筹兼顾、坚持依法规范、坚持属地管理"的原则，推进出租汽车行业结构性改革，努力构建多样化、差异性出行服务体系。《暂行办法》要求按照高品质服务、差异化经营的原则，有序发展网约车，明确了平台公司承运人责任及平台公司、车辆和驾驶员三项许可，并通过"量体裁衣"式的制度设计，给予了新业态最大的发展空间，是世界上首部在全国范围内实施的网约车运营服务管理部门规章，为全球网约车治理和发展提供了中国经验。

二、各地改革落地政策陆续出台

《指导意见》和《暂行办法》发布后，各地按照深化出租汽车行业改革工作的总体部署，积极稳妥推进改革工作，北京、上海、重庆、天津、杭州、泉州、焦作等多个地级及以上城市在国家确定的改革政策框架内出台了落地政策。各城市结合本地经济社会发展、人口规模、城市交通状况等实际情况，因城施策、因地制宜,对网约车运价和运力调控、车辆和驾驶员的准入条件等内容等做了细化规定。截至2016年年底,共有180余个地级及以上城市正式出台了落地政策或发布了征求意见稿,其中北京、上海、重庆、天津、宁波、大连、金华、潮州、信阳、无锡等40多个地级及以上城市正式出台,南京、武汉、沈阳、西宁、荆州、珠海、烟台、北海等140多个地级及以上城市发布了征求意见稿,地方改革政策落地工作稳步有序推进。从部分城市政策出台初步效果看,公众认识渐趋理性,行业稳定形势明显好转,网约车新业态逐步纳入监管,不同类型网约车平台公司申请踊跃,部分城市在经营权管理、公司化经营、运价机制、巡游车与互联网融合等方面开展了积极探索。

三、传统行业积极探索转型升级

网约车新业态的出现为传统出租汽车行业转型升级、提升服务质量形成了倒逼。目前,部分城市传统出租汽车行业已开始立足现实,加快谋划转型升级,在规范经营权管理,理顺巡游车价格机制,促进与互联网的融合发展等方面开始了积极探索。在规范经营权管理方面,重庆市全面实施巡游车经营权无偿使用,涉及2.38万辆巡游车退还经营权有偿使用费8亿余元,并对经营权权属关系予以确权。四川省逐步取消了3.5万余个出租汽车经营权剩余有偿期限的有偿使用费,累计取消有偿使用费3亿余元。在推进行业组织化、集约化经营方面,上海、北京、天津、重庆等20个省(自治区、直辖市)的50余家传统出租汽车企业和部分地区行业协会签署战略合作协议,成立中国出租汽车产业联盟,共同推动传统行业转型升级。杭州市12家市属国有出租车企业以"国企整合先行、民企整合跟进、个人车辆统一管理"为主线,整合为2家出租车集团。在理顺巡游车价格机制方面,北京市研究租价与成本、油价等联动机制,探索巡游车实行政府指导价。上海市研究调整运价结构,在保持基础运价不变的情况下,对增值服务方式实行价格调节浮动。在推进巡游车与互联网融合方面,北京市研究制定了巡游车电话及手机APP招车模式及规范形式,拓展巡游车服务模式。南京市多家骨干巡游车企业联合组建南京有滴科技有限公司,推出"有滴打车"平台,已接入省内巡游车一万多辆。

第二节 地方实践

一、河南省积极稳妥推进出租汽车行业改革

2016年,河南遵循"政府领导、交通牵头、部门分工、齐抓共管"的改革思路,围绕"三强化、三创新",稳步推进改革工作。

一是强化改革部署,决不能做"夹生饭"。省委、省政府高度重视出租汽车行业改革工作,省委把出租汽车行业改革列为2016年必须启动的重要改革事项。省政府成立由副省长任组长,宣传、公安、交通、维稳等18个部门为成员的全省深化出租汽车行业改革工作领导小组,明确了职责分工,建立工作机制,制定改革方案。

二是强化政策研究,培养改革"明白人"。2016年初河南省组织4个调研组,对北京、上海、浙江、广东等11个省市开展改革调研,借鉴改革经验;同时,对全省出租汽车行业进行摸底排查,摸清行业状况。邀请有关专家指导改革工作,宣讲改革政策,解答疑难问题,明确改革方向。举办了5期交通运输系统改革培训班,为各市培训了300余名改革政策"明白人"。

三是强化行业督导,落实工作责任制。省深化出租汽车行业改革工作领导小组成立由改革各相关单位参与的专项督导组,采取定期汇报、片区座谈、重点督导、走访检查等方式,对各地改革推进情况进行督导检查,对改革进展缓慢的两个市政府,由领导小组进行约谈;制定了"督导方案",成立督导组,对

各市交通运输部门改革领导机构成立、改革方案制定、宣贯培训工作开展以及维稳、宣传等工作开展情况进行督导。

四是创新改革思路，相对统一改革政策。会同地方政府，对巡游车运力规模、巡游车经营权期限、经营权有偿使用费取消时间、巡游车定价模式、网约车数量管控和网约车准入门槛设置6个关键问题，逐一研究，广泛征求意见，形成共识，避免不同城市因政策差异较大而影响稳定、影响改革推进。

五是创新制度体系，提高改革可操作性。制定了"双1+3"的政策体系：在宏观指导方面，制定了"一通知三方案"，即省政府出台了《关于深化改革推进出租汽车行业健康发展的通知》，作为改革的统领；省交通运输厅、省委维稳办、省委宣传部分别制定了"改革推进方案""维稳方案""宣传方案"，作为改革推进的措施和保障。在微观操作方面，研究制定了"一指南三手册"，即制定了"改革实施方案与实施细则编制指南"，为各地改革政策制定提供了样板；制定了"线上服务能力认定和线下许可操作手册""监管平台使用手册""打非治违执法手册"，为各地改革政策落地实施提供了具体的操作指导。

六是创新管理模式，推动行业转型升级。建立全省出租汽车信息管理办公系统、出租汽车驾驶员考试系统、出租汽车三项许可打证系统等七项管理系统，实现巡游车转型升级、网约车许可与监管、驾驶员考试与继续教育、证件打制与发放、出租汽车行业办公等工作的信息化、连贯性和资料保存的完整性；建成了95128巡游车官方约车服务平台，提供电话、APP、微信公众号、智慧站牌等四种叫车方式，推动巡游车约车转型发展。

二、重庆市立足稳定综合施策推进出租汽车行业改革

按照国家出租汽车改革部署要求，重庆充分发挥主动性和创造性，探索符合本地出租汽车发展实际的管理模式，出台了地方出租汽车改革系列政策，取得一定效果。

一是紧扣国家改革精神，地方政策及时出台。自2015年10月交通运输部向社会征求深化改革促进出租汽车行业发展的意见以来，重庆市早准备、早安排、早落实，搭建工作专班，明确目标任务，起草地方政策初稿。2016年7月，国家改革政策出台后，在交通运输部的指导下，于2016年12月22日发布了《重庆市人民政府办公厅关于深化改革推进出租汽车行业健康发展的实施意见》(渝府办发〔2016〕268号)、《重庆市网络预约出租汽车经营服务管理暂行办法》(渝府令〔2016〕309号)、《重庆市人民政府办公厅关于印发重庆市规范私人小客车合乘出行暂行规定的通知》(渝府办发〔2016〕269号)三个文件，全面启动出租汽车改革。对疏解当前存在的稳定压力、平稳推进出租汽车改革、促进行业健康可持续发展发挥了重要作用。

二是大力夯实管理基础，巡游车改革基本完成。一是经营者降本增效务实开展。全面实施巡游车经营权无偿使用，办理有偿使用费返还5.6亿元，完成应返总量的93%。二是经营机制改革推动有力。全市2.38万辆巡游车全部实施有期限使用；经营权权属关系予以明确，核发了企业经营权产权证。三是利益分配制度不断完善。主城区1.4万辆公司所属车辆全部实施"公车公营"。

三是创新运营服务模式，巡游车发展稳中向好。一是巡游车升级换代助推发展。2016年12月，第四代新型巡游车正式投放使用，空间、乘坐、节能等功能全面升级。二是行业品牌建设引领优质服务。建立了"重庆雷锋的士志愿服务队"等品牌车队。三是"互联网+巡游车"进一步融合。筹备资金推进出租车信息系统升级改造，计划增加移动支付、手机电召、乘客离车评价等功能。四是个体车辆集约化管理切实加强。利用指标投放资源，引导个体巡游车经营者自愿组建3家服务公司，统一纳入管理考核，主城的组织化率达到74.8%。

四是逐步理顺网约车经营，行业规范管理深入推进。一是平台经营许可办理取得突破。联合公安、网信、通信、税务和银行部门启动了网约车经营许可办理程序。二是车辆及驾驶员审批步伐加快。与公安部门反复研究，会商明确了网约车车辆经营许可的办理程序和工作要求，确定了专门机构审查驾驶员背

景情况。三是约谈平台规范管理。先后10余次约谈滴滴等网约车平台公司，要求尽快完善经营许可手续、稳步清退不达标的车辆。四是积极组织科技人员开发网约车监管平台，监管平台建设初步成型。

五是主动应对矛盾挑战，运输秩序总体稳定。一是巡游车稳定基础有力巩固。企业继续坚持"以奖代补"稳定驾驶员队伍，单车补贴每月保持在1200元以上，最高达2000元，稳定形势持续向好。二是舆论宣传正面引导。紧密联系市委宣传部，针对出租汽车改革和网约车规范，通过媒体积极宣传正面观点。三是企业责任履行督促到位。要求企业必须履行安全、稳定、服务主体责任，维护社会和行业的稳定大局。四是引导纠纷矛盾司法途径解决。

三、广州创新巡游出租汽车服务、提升管理水平

一是"一键叫车"提高出租汽车供需信息匹配。为做好巡游车供需信息匹配，减少空驶率，提高驾驶员营运收入，缓解热点区域市民"打车难"问题，广州市按照"系统开发、由点到面、网格管理、自动匹配"的工作思路，研究开发了出租汽车用车需求"一键叫车"信息推送系统。乘客可通过触发"一键叫车"按钮，向附近空载出租汽车发送用车需求信息，实现运力供给与乘客乘车需求的匹配。目前，广州市已在各主要客运站场、部分星级酒店等区域安装"一键叫车"设备，下一步，将不断扩大安装范围，并将市区分成若干网格，通过对网格内乘客需求信息及出租汽车实载率等进行大数据分析，形成出租汽车需求"热力图"，构建市区出租汽车运力供需调配综合体系，逐步实现空载出租汽车与市民乘车需求的信息互通和高度匹配。

二是创新技术应用，信息化改造传统行业。为提高信息化应用水平，助推服务转型升级，广州市以车载终端为突破口和立足点，积极开展对巡游车信息化升级改造工作，实现了互联网召车、电子支付、驾驶员人脸识别、利用互联网大数据对驾驶员服务进行评价、驾驶员营运全过程视频监控等功能。为了更好地构建企业和驾驶员运营风险共担、利益合理分配的经营模式，广州市利用互联网技术，结合电子支付推行和车载终端升级改造工作，研究开发了司企收入清结算系统，大胆尝试新型司企收入分配方式，通过信息化透明营运收入的构成和分配，调动驾驶员营运和企业管理积极性。

三是创新执法手段，提升监管效率。针对传统路检路查执法手段，在查处"克隆"出租汽车非法营运存在人手少、难度大、效率低的问题，创新思维，研发新型智能顶灯，可通过与车载终端关联，远程控制改变顶灯颜色，进而实现对"克隆"出租汽车的信息化执法，降低"克隆"出租汽车查处难度。

第九章　城市轨道交通运营安全

第一节　概况

近年来，城市轨道交通快速发展，在引导城市发展、满足群众出行、缓解交通拥堵方面发挥了越来越重要的作用。同时，随着开通运营城市不断增多、新增运营里程迅速增加以及线网规模持续扩大，安全运行的压力和挑战日益加大。党中央、国务院领导同志高度重视城市轨道交通安全运行问题，多次做出重要批示指示。遵照党中央、国务院领导同志的重要指示批示精神，交通运输部进一步加大城市轨道交通安全运营管理，2016年先后组织开展了交叉检查、专项检查、安全调研，并且进一步加快标准化建设，提高城市轨道交通安全管理水平。

一、开展全国城市轨道交通运营安全交叉检查

2016年4月，交通运输部组织有关省（市）城市轨道交通运营主管部门，开展全国城市轨道交通运营安全交叉检查。交叉检查共分8个组，由北京、上海、广东、重庆、江苏、天津、浙江、湖北省（市）交通运输部门牵头，检查覆盖已开通运营的全部城市。各组通过听取汇报、查阅资料、实地踏勘、现场询问、对照评分等方式，对城市进行了检查，并与所在城市的运营主管部门和运营单位进行了深入交流和探讨。为督促各地进一步加强轨道交通安全，巩固交叉检查成果，2016年11月，交通运输部印发了《交通运输部办公厅关于2016年城市轨道交通运营安全交叉检查结果的通报》（交办运函〔2016〕730号），对检查结果进行了通报。

二、开展全国城市轨道交通安全隐患专项检查

2016年8—9月，交通运输部联合公安部、住房和城乡建设部、国家安全监管总局，在全国范围组织开展了城市轨道交通安全隐患专项检查，检查范围涵盖工程规划建设、消防安全管理、落实企业安全主体责任、应急救援和演练、公共安全防范5个方面，共21项重点内容。通过检查全部运营城市中的95座车站、25个车辆段和30个运营控制中心，查找发现问题544项，整改完成521项，整改完成率95.7%，有力保障了G20期间的城市轨道交通安全平稳运行，并为进一步完善城市轨道交通标准、法规等积累了实践经验。

三、开展城市轨道交通运营标准编制工作

2016年4月，交通运输部批准发布了《城市轨道交通运营突发事件应急预案编制规范》（JT/T 1051—2016），对应急预案体系构成及各级预案要点、基本要求、编制程序及编制内容进行了规定，2016年7月1日开始实施；2016年10月，交通运输部批准发布了《有轨电车试运营基本条件》（JT/T 1091—2016），规定了有轨电车试运营基础条件、土建工程、车辆和车辆基地、运营设备系统、运营组织、道路交通组织与衔接、应急与演练等方面应达到的要求，2017年1月1日开始实施。

四、开展全国城市轨道交通运营安全大调研

为进一步加强行业发展的顶层设计，2016年12月，由杨传堂书记和李小鹏部长担任组长，组织开展了城市轨道交通运营安全大调研。调研采取全面函调和实地调研两种形式，全面函调覆盖所有已开通运营城市轨道交通的城市，函调对象包括相关省级交通运输主管部门、城市交通运输主管部门和运营单位。实地调研分为6个小组，每小组针对2个典型城市，开展了解剖麻雀式的实地调研。调研形成了1个总报告，运营服务、运营管理、体制机制和法规标准、规划建设、安全应急5个专题报告，以及1个国际经验报告和1个事故案例集，为研究起草关于加强城市轨道交通安全运营管理的指导意见和相关法规政策、规章制度、标准规范等奠定了基础。

第二节 地方实践

通过运营安全交叉检查、部门联合专项检查和大调研，总体上看，各地高度重视城市轨道交通安全管理工作，牢固树立安全生产红线意识和底线思维，相关部门各司其职，逐渐形成安全监管合力。

一、北京、上海健全城市轨道交通运营安全管理机构

北京市以轨道交通运营安全领导小组办公室为基础，通过调整部门职责、理顺管理层级、厘清职责划分、调剂人员组成等措施，完成了轨道交通运营管理和执法体制改革，搭建了"331"的城市轨道交通运营安全管理机构：北京市交通委轨道交通运营监管处、轨道交通设备设施处、轨道交通综合协调处，北京市交通执法总队轨道交通执法大队，北京市轨道交通指挥中心，建立了统筹协调、行业监管和行政执法相统一的城市轨道交通运营安全管理模式。上海市深化交通行政体制改革，将轨道交通规划、建设和运营监督管理等职责统一整合至上海市交通委，并在交通委专门组建了轨道交通处，对行业运营监督和执法实施一体化管理，同时参与轨道交通规划、建设管理工作，上海市运管处、交通执法总队中与轨道交通管理职能相关人员，统一在轨道处合署办公，加强轨道交通行业监管工作力度，提高综合监管效率。

二、重庆完善城市轨道交通应急预案体系

根据《国家城市轨道交通运营突发事件应急预案》《重庆市突发事件总体应急预案》等相关规定，重庆市交通委牵头编制了《重庆市轨道交通运营突发事件应急预案》，2016年1月市政府正式发布实施。轨道沿线各区政府也相继出台了辖区内的城市轨道交通运营突发事件应急预案。运营单位编制了1、2、3、6号线的应急处置预案，细化了针对不同运行区段、不同事件类型的分预案，形成了较为完善的预案体系。成立了交通、住建、公安、安监、环保、消防等多部门组成的城市轨道交通应急管理协调工作机制，对应急组织机构成员、职责划分、应急处置、应急信息管理、后期处置、应急保障等内容做出相关规定。以轨道交通运营安全联席会议为平台，加强各成员单位日常应急管理培训，强化部门与部门、部门与运营单位的沟通协调机制，加强各层级应急预案的有效衔接，使预案更具有实用性和可操作性。

三、深圳规范城市轨道交通安全隐患排查工作

深圳市交通运输委员会制定了《城市轨道交通运营安全生产管理手册》，按照手册对城市轨道交通开展季度安全检查和专项行动。其中，季度安全检查包括企业自查和政府检查两个阶段，将检查发现的问题通报运营单位，要求运营单位明确责任人、整改时限、整改措施、整改资金和防范预案，政府会将跟踪落实安全隐患整改情况并组织复查。2016年组织了4次季度安全检查，共聘请了15名行业专家，提出整改要求和建议109项。专项行动主要包括2月春运安全生产督查、岁末年初安全生产大检查、重大节假日安全检查等。同时，建立了安全检查专家辅助检查制度，按季度检查重点聘请对应专业的专家，着力解决政府部门运营安全监管力量不足问题，借助专家力量提高安全生产监督检查专业水准。

第十章 新能源汽车推广应用

第一节 概况

国家将新能源汽车的产业发展和推广应用作为战略性新兴产业和加强节能减排工作的重要突破口，并出台了《国务院办公厅关于加快新能源汽车推广应用的指导意见》（国办发〔2014〕35号）。交通运输部高度重视交通运输行业新能源汽车推广应用工作，先后出台或者推动出台了《交通运输部关于加快推进新能源汽车在交通运输行业推广应用的实施意见》（交运发〔2015〕34号），《关于完善城市公交车成品油价格补助政策加快新能源汽车推广应用的通知》（财建〔2015〕159号）和《新能源公交车推广应用考核办法（试行）》（交运发〔2015〕164号）等文件，并将新能源公交车辆的推广工作与公交都市创建工作相互融合，指导各地交通运输行业加快新能源汽车推广应用。

自2016年起，中国新能源汽车产业由起步阶段进入加速阶段，初步建立了产业发展、科技创新、财税优惠等方面的政策支持体系。交通运输行业，尤其是公交行业成为新能源车推广应用的主力军，截至2016年年底，我国新能源公交车保有量已达到16.5万辆，占我国城市公共汽电车总数的27.1%，全年新增7.8万辆新能源公交车（同比增长56.0%）。出租汽车行业也成为新能源车推广应用的主要领域，截至2016年年底，纯电动出租车数已达到18614辆，占我国出租汽车车辆总数的1.3%，全年新增11760辆（同比增长171.6%）。

一、加快行业标准制修订，规范新能源公交车运营使用

2016年2月，交通运输部发布了《纯电动城市客车通用技术条件》（JT/T 1026—2016），规定了纯电动城市客车的技术要求、试验方法、检验规则，以及运输和贮存。2016年2月，交通运输部发布了《混合动力城市客车技术条件》（JT/T 1025—2016），规定了混合动力城市客车的技术要求、试验方法、检验规则等内容。

为加强新能源汽车推广应用与安全监管，充分运用信息化手段实现对新能源汽车运行情况的实时监控，2016年10月全国汽车标准化技术委员会发布了《电动汽车远程服务与管理系统技术规范》（GB/T 32960—2016），规定了电动汽车远程服务与管理系统的总体结构和功能要求，明确了公共平台、企业平台和车载终端关系的定义。

二、推动完善财政扶持政策，更好地促进新能源汽车推广应用

2016年1月，财政部、科技部、工业和信息化部、发展改革委和国家能源局发布了《关于"十三五"新能源汽车充电基础设施奖励政策及加强新能源汽车推广应用的通知》（财建〔2016〕7号），提出2016—2020年中央财政将根据新制定的奖励标准继续对充电基础设施建设、运营给予奖补，以加快推动新能源车充电基础设施建设，培育良好的新能源车应用环境。通知设定新能源充电设施奖励标准，对于大气污染治理重点省市奖励最高，2016年大气污染治理重点省市推广量3万辆，奖补标准9000万元，超出门槛部分奖补最高封顶1.2亿元。2020年大气污染治理重点省市奖励门槛7万辆，奖补标准1.26亿元。

2016年12月，财政部、科技部、工业和信息化部和发展改革委四部委联合发布了《关于调整新能源汽车推广应用财政补贴政策的通知》（财建〔2016〕958号），明确了对新能源汽车购置环节的持续补贴，

调整完善了车型目录门槛、补贴标准、资金拨付方式，落实了推广应用主体责任，并建立了惩罚机制。

> **专栏10-1　《关于调整新能源汽车推广应用财政补贴政策的通知》要点**
>
> 提高了推荐车型目录门槛。对于新能源客车，增加了整车能耗要求，包括百公里耗电量要求、单位载质量能量消耗量（Ekg）、吨百公里电耗等。提高了整车续驶里程门槛要求，包括纯电动客车、燃料电池汽车续驶里程。引入动力电池新国标，包括动力电池的安全性、循环寿命、充放电性能等指标。
>
> 增加了中央及地方补贴上限。地方财政补贴（地方各级财政补贴总和）不得超过中央财政单车补贴额的50%。除燃料电池汽车外，各类车型2019—2020年中央及地方补贴标准和上限，在现行标准基础上退坡20%。增加中央及地方补贴上限，地方补贴不超过中央补贴的50%。
>
> 优化了补贴标准。补贴方式调整，综合考虑电池容量大小、能量密度水平、充电倍率、节油率等因素确定车辆补贴标准。补贴金额 = 车辆带电量 × 单位电量补贴标准 × 调整系数（调整系数：系统能量密度/充电倍率/节油水平），具体如表10-1所示：
>
> **新能源汽车财政补贴标准**　　　　表10-1
>
> | 车辆类型 | 中央财政补贴标准（元/kWh） | 中央财政补贴调整系数 | | | 中央财政单车补贴上限（万元） | | | 地方财政单车补贴 |
> |---|---|---|---|---|---|---|---|---|
> | | | | | | 6<L≤8m | 8<L≤10m | L>10m | |
> | 非快充类纯电动客车 | 1800 | 系统能量密度（Wh/kg） | | | 9 | 20 | 30 | 不超过中央财政单车补贴额的50% |
> | | | 85－95(含) | 95－115(含) | 115以上 | | | | |
> | | | 0.8 | 1 | 1.2 | | | | |
> | 快充类纯电动客车 | 3000 | 快充倍率 | | | 6 | 12 | 20 | |
> | | | 3C－5C(含) | 5C－15C(含) | 15C以上 | | | | |
> | | | 0.8 | 1 | 1.4 | | | | |
> | 插电式混合动力（含增程式）客车 | 3000 | 节油率水平 | | | 4.5 | 9 | 15 | |
> | | | 40%~45%(含) | 45%~60%(含) | 60%以上 | | | | |
> | | | 0.8 | 1 | 1.2 | | | | |
>
> 整体来看，新能源客车补贴的技术标准更加具体和丰富，以动力电池为补贴核心，以电池的生产成本和技术进步水平为核算依据，设定能耗水平、车辆续驶里程、电池/整车质量比、电池性能水平等补贴准入门槛，并综合考虑电池容量大小、能量密度水平、充电倍率、节油率等因素确定车辆补贴标准，弥补了此前补贴政策的缺陷。

三、完善新能源汽车准入制度及安全监管制度，促进产业健康稳定发展

2016年10月，工业和信息化部颁布出台了《新能源汽车生产企业及产品准入管理规定》（工业和信息化部令第39号），重新划定了新能源汽车范围，规定了新能源汽车企业及产品的准入条件及审查要求，汽车动力蓄电池单体和系统生产企业延伸检查要求，并对新能源汽车产品授权生产管理办法等进行了规定。

为进一步提升新能源汽车的安全监管水平，2016年11月，工信部发布了《关于进一步做好新能源汽

车推广应用安全监管工作的通知》（工信部装〔2016〕377号），规定了新能源汽车企业为产品质量的安全责任主体，明确了地方政府、行业组织在新能源汽车安全方面应起的作用。在现有传统客车、电动汽车相关标准基础上，从人员触电、火灾防护、事故处理、乘客逃生、整车结构、远程监控等方面提出了更高的技术要求。在建立健全地方监测平台方面，明确规定了公共服务领域车辆相关安全状态信息需上传至地方监测平台，企业监测平台应设置国家监测平台接口，接受国家监测平台的监督抽查。在建立安全事故处理机制方面，制定新能源汽车事故应急预案、抢险救援方案和事故调查方案，为新能源车的推广应用提供安全保障。

第二节　地方实践

一、太原建成纯电动出租汽车城市

近年来，山西省委、省政府和太原市委、市政府高度重视新能源汽车的发展，将其作为落实"创新、协调、绿色、开放、共享"发展理念的重要抓手，抓住机遇、统筹谋划、强力推进，在太原市全面应用新能源出租汽车，见图10-1，取得了良好成绩，较好地实现了产业发展、出租汽车行业发展和环境保护等多方面的共赢，也实现了经济效益、社会效益和环境效益的共赢，发挥了重要的示范作用。截至2016年年底，太原市完成全市7504辆出租汽车的纯电动化，通过更换纯电动车，太原市出租汽车每年可减少排放一氧化碳21176吨、碳氢化合物2451吨、氮氧化物3478吨，分别占全市机动车排放量的12.15%、12.14%、12.14%，可减少排放二氧化碳20万吨。

图10-1　太原市建成首个纯电动出租车城市

2015年年底，太原市城六区出租车陆续到达报废期限，车辆更新的时间窗口，是深化行业改革，创新行业管理，提升行业服务的一个绝佳时机。太原市积极响应国家新能源汽车发展战略，按照国家供给侧结构性改革的要求，以及以市场换产业，以资源换投资的思路，综合考虑资源优势、节能减排、环境保护、产业结构调整、方便群众出行等因素，将城六区的出租汽车全部更换为纯电动汽车。在考虑到车辆性能、售后保障、配套措施等因素后，选择了比亚迪e6和e5车型。为稳步推动更换纯电动出租汽车工作，主要采取了如下措施：

1. 制定优惠的财政补贴政策，降低新能源车辆购置成本

首先，山西省按照同期国家补贴资金1∶1的标准给予省级营销补助；其次，太原市对不同的车型分别按照1∶1∶2、1∶1∶1的标准给予出租汽车经营者补贴资金。比亚迪e6厂家报价30.98万元，按照国家、省、市1∶1∶2标准给予补贴，共补贴22万元，补贴后车辆价格为8.98万元；比亚迪e5厂家报

价 24.98 万元，按照国家、省、市 1∶1∶1 标准给予补贴，共补贴 16.5 万元，补贴后车辆价格仅为 8.48 万元。

2. 实行电价优惠政策，突出纯电动车辆运营成本优势

太原市对电费收取及售后实行优惠政策，对经营性集中式充换电设施用电执行大工业用电价格，且 2020 年前暂免收基本电费；发布了《关于电动汽车用电价格及充换电服务费（试行）有关事项的通知》，明确规定 2020 年前电动汽车充换电服务费实行政府指导价管理，充电最高服务费暂定为 0.45 元/千瓦时。各时段充电价格见表 10-2。

太原市电动汽车各时段充电价格　　　　表 10-2

1～10 千伏	峰	平	谷
时间	8:00—11:00 18:00—23:00	11:00—18:00 7:00—8:00	23:00—7:00
一般大工业用电价格	0.7640 元/度	0.5292 元/度	0.3109 元/度
服务费	0.45 元/度		
充电总价格	1.214 元/度	0.9792 元/度	0.7609 元/度

按照百公里耗能 25 度，日均行驶里程 380 公里，平峰电价 0.9792 元/度计算，日营运成本仅 93.024 元，比用油车节省约 103 元，比用气车节省约 31 元左右，纯电动车辆运营成本优势明显。

3. 和车企协商售后保障优惠，消除用户的后顾之忧

在售后保障方面，积极争取在电池、电机、电控设备等方面的售后保障优惠，比亚迪公司承诺在太原市 8 年质保，承诺期内免费更换电池。比亚迪厂家及经销商已在太原市设立 14 个授权维修点，能够基本保障纯电动出租汽车的售后服务。

4. 优化运营组织，稳步更换运营

太原市结合自身交通出行特性以及纯电动出租车运营特点，不断调整优化运营组织。出租汽车运营大多采用两班驾驶员营运方式，交接班时间为早晨 6 时左右和下午 3 时左右。早班驾驶员一般集中在上午 11 时以后平峰电价去充电（补电），充电时间约为 1 小时。晚班驾驶员一般集中在晚上 11 时以后低谷电价去充电（补电），充电时间约为 1 小时。全天充电时间约为 2.5 小时左右。虽然充电过程增加了等待时间，但整体上没有影响车辆运营，出租汽车单车日均行驶里程 400 公里左右，日均运营毛收入约 600 元，与原燃油燃气出租汽车相比基本持平。

二、杭州新能源公交车产用结合齐头并进

1. 推广区域和车型选择实行两个"三步走"

一是推广区域范围分三步走。第一步，2015 年结合西湖景区环保行动，进入世界文化遗产保护地西湖景区的公交车更换为新能源和清洁能源车型，2016 年提高标准景区逐步实现全部纯电动化；第二步，结合道路建设政治、新区拓展等，主城区主要线路 100% 新能源和清洁能源车型；第三步，2016 年年底主城区公交车实现 100% 新能源和清洁能源车型。二是车型选择分三步走。第一步，在全国率先批量投放油电混合动力公交车；第二步，推广 LNG 液化天然气客车，颗粒物的排放几乎为零；第三步，开始使用纯电动公交车。

2. 形成上下游配套的新能源公交车产业链

新能源公交车的推广，有力助推了杭州汽车产业的转型升级。同时，通过引进和培育生产企业，完善售后维修服务，降低了公交企业的运营成本，形成了良性循环。一是引进比亚迪新能源车产业。2014 年

4月，杭州市政府与比亚迪汽车工业有限公司签订战略合作框架协议。比亚迪新能源大巴车杭州生产基地成为其在华东地区重要的纯电动大巴车生产基地。二是培育本土新能源车企业。上汽万向新能源汽车作为杭州本地的大巴车生产企业，已经为市区提供了320辆大巴车。三是带动上下流产业链。杭州市及浙江省内不仅有新能源车整车企业，还有参与研发电池、电机、电控等关键技术和产业的企业，逐步形成了上下游配套的产业链。

3. 不断完善配套财税扶持政策

为促进新能源车产业发展，杭州市财政局、交通运输局、经信委等部门推动出台了两轮地方配套补助政策。第一轮，出台《杭州市新能源汽车推广应用财政补助暂行办法》，明确2013—2015年，纯电动客车按照国家补助标准给予1∶1的配套补助；并明确在杭投资建设充换电设施项目的，按照充换电设施实际投资额给予最高不超过20%的财政补助。第二轮，市交通运输局等六部门联合引发了《杭州市2016年新能源汽车推广应用地方配套补助办法》，在宏观补助政策呈现退坡的形势下，继续按照国家补助给予1∶1的配套。

4. 以融资租赁模式解决资金问题

2013年，西湖电子集团与杭州公交集团签订了租赁1500辆西湖比亚迪纯电动公交车（暂时租期为3年）的推广应用协议。解决了地方财政资金一次性大量投入的问题，也为西湖电子集团积累了大量的实际运行数据，为后期西湖比亚迪车型技术改进提供了经验。

5. 充电基础设施提前规划、同步建设

杭州市专门出台了《杭州市推进新能源汽车充电基础设施建设实施办法》，通过近三年的努力，杭州主城区初步实现5公里服务半径的新能源汽车充换电站网络化建设。为加快纯电动公交充电桩的建设工作，在落实纯电动公交车辆投入运营的同时，努力克服公交停车场地紧缺、车辆停保率不足50%等困难，租用社会停车场地停放车辆，腾出场地和空间，在现有公交停车场、首末站点建设充电桩，满足2000多辆纯电动运营车辆的充电需求。

三、深圳多措并举推进全市公交车100%纯电动化

深圳市积极推动交通运输行业新能源汽车的推广应用，其在公交车领域新购及更换量均名列前茅，提出在2017年9月底前完成全市公交车100%纯电动替代工作。截至2016年年底，深圳市已累计推广应用各类新能源公交车辆7417辆（纯电动5901辆，混合动力1516辆），占全市公交车保有量的47.9%。2016年，纯电动公交车辆单车日均行驶里程为174.4km，全年减少氮氧化物48.6吨、非甲烷碳氢62.1吨和颗粒物1.2吨，节能减排效果显著。

开展新能源汽车大规模示范运行，尤其是公交领域新能源汽车大规模推广，面临诸多的困难和挑战，深圳市政府从政策、标准、设施、人员、车辆技术等多个方面协调推进，保证整体推广应用效果。

1. 规划先导，科学制订发展目标

从实际出发，按照"存量做好、增量跨越、政府支持、遵循规律"原则，逐年合理编制和优化新能源公交示范推广计划，稳步推进新能源公交车辆的投放。依据客流需求及纯电动公交车实际运能，按照1∶1.25的比例替换传统柴油公交车。

2. 标准先行，编制充电设施技术规范

制定了《深圳市电动汽车充电系统技术规范》系列标准，明确了充电物理接口、通信协议等相关标准，确保了充电设施的通用性、安全性，国家相关标准出台后又进行了适应调整。

3. 科学研究，评估新能源公交运营情况

自2012年起，深圳市持续开展年度《深圳市新能源公交运行情况评估》研究工作，从车辆运行效果、车辆安全性和可靠性、电池性能、配套设施运行等方面对新能源公交运行情况进行了全面系统评估，提

供决策参考。

4. 设施支撑，营造新能源汽车使用环境

通过在既有公交场站内挖潜建设充电桩、推进立体停车库建设、综合车场、寻租用地，采购补电车等措施，多渠道、多方式增加充电设施供应，实现了多种车型充电兼容，智能化、网络化管理。

5. 补贴扶持，形成新能源汽车成本比较优势

在购置补贴层面，深圳市在国家购置补贴的基础上出台了配套的补贴政策，对纯电动客车实施按照1∶1的补贴；在运营补贴层面，将年度运营考核达标（每辆车年度运营里程考核标准为6.4万公里）的新能源公交车补贴标准调整为42.27万元/车/年，平均每公里补贴6.60元。

6. 创新驱动，探索商业化运营模式

示范推广阶段，按照"政府扶持监管，企业融资运营，技术创新规范"的基本思路，公交企业采取了"融资租赁、车电分离、充维结合"的新能源公交车购买、运营及维护方案。规模化推广阶段，采取经营性租赁与融资租赁相结合的混合租赁模式进行轻资产运营，同时实行专业化分工合作，由车辆生产企业负责动力电池、电控、电机的维护，保障公交服务质量。主要有"整车购买，服务外包"以及"混合租赁（融资租赁＋经营性租赁）"两种模式。

四、佛山首开氢能源公交车示范运营线路

燃料电池汽车因为氢来源广泛、燃料加注灵活便捷、更加环保安全等特点，近年来受到广泛关注。国务院2014年11月颁布的《能源发展战略行动计划（2014—2020年）》确定了包括氢能与燃料电池在内的20个重点创新方向。《中国制造2025》明确提出到2025年制氢、加氢等配套基础设施基本完善，燃料电池汽车实现区域示范运行。

佛山市积极开展氢能产业，制定了《佛山云浮氢能源产业发展战略规划》，出台了《佛山云浮氢能源产业"1135"战略部署方案》，力争成为广东省乃至全国氢能产业的先行区。2016年9月，全国首条氢能源城市公交车示范线路在佛山正式开通（图10-2），首批共投入12辆氢燃料电池公交车，采用全铝车身设计，全长11米，载客80人，续航里程≥300公里，百公里氢气气耗≤6.5千克。氢能源公交示范线路的开通，标志着佛山绿色新能源公交的发展又迈上了一个新台阶。

图10-2　佛山市首开氢燃料电池公交示范线路

1. 顶层设计

《佛山云浮氢能源产业"1135"战略部署方案》正式实施，主要内容包括制订一个战略规划，作为帮扶产业指导性文件之一，并成为两市发展氢能产业的总指引。一个资金平台，通过省、市合作共建氢能产业基地的途径，搭建氢能源产业重大资金筹措平台。三大工作计划，包括28台氢能源公交车投入运行

计划、佛山市高明区（氢能）现代有轨电车试验线项目推进计划、1000台氢能公交车生产运行计划。此外，还包括五大项目布局，包括飞驰氢能源整装客车项目、氢燃料电池模块项目、加氢站建设项目、3条氢能源车示范线的试运行项目等。

2. 组织保障

市政府成立以市长为组长，发改、经信、交通、科技、财政、安监、质监、公安消防等各相关职能部门为成员的氢能产业推进小组，负责全市层面的战略部署、统筹协调。

3. 技术保障

组建技术团队确保安全运营。组建由公交公司、整车企业、电池企业等单位组成的技术保障团队，对示范车辆进行检测，确保及时发现和排除隐患，避免因技术故障导致车辆停运。

设立应急服务中心。设置应急中心办公室，分别配备必要的关键零部件备件，配备网络、电话和远程监控系统，随时跟踪车辆运行状态。

建立远程监控系统随时跟踪车辆，可共享监视燃料电池车的状态，及时发现和定位故障。

4. 宣传保障

促进氢能的社会化利用，向公众宣传氢能的优点和使用安全性，并及时建立试点向公众示范已经成熟的氢能源技术，促进公众对氢能的了解和利用，减少燃料电池客车在示范运营中可能遇到的阻力。

第十一章 快速公交系统建设

第一节 概况

城市快速公共汽车交通系统（BRT）是利用城市公共汽车车辆和智能交通信息技术，在城市道路上运行，通过开辟公交专用道、设置公交信号优先获得一定时空优先权，达到较高服务水准的一种城市客运系统。它兼具类似轨道交通容量大、速度快的特点，又具有常规公交灵活、造价低等优点，已成为现代城市解决广大人民群众基本出行需求、解决城市交通拥堵、促进城市交通可持续健康发展的重要举措之一。截至2016年年底，我国累计26个城市开通BRT线路运营，2016年新增温州和武汉2个运营城市。BRT运营车辆达7689辆，线路长度达3433.5公里。BRT运营车辆新增1526辆，线路长度新增352.3公里，客运量共计17.65亿人次。

一、营造良好发展政策环境

2012年12月，国务院发布《国务院关于实施城市优先发展公共交通的指导意见》（国发〔2012〕64号），其中明确指出：要科学确定城市公共交通模式，根据城市实际发展需要合理规划建设以公共汽电车为主体的地面公共交通系统，包括快速公共汽车、现代有轨电车等大容量地面交通系统。2013年国务院发布《国务院关于加强城市基础设施的意见》（国发〔2013〕36号），明确加快大容量地面公共交通系统的建设。2013年交通运输部印发的《交通运输部关于推进公交都市创建工作有关事项的通知》（交运发〔2013〕428号）明确提出支持创建城市加快建设城市快速公交运行监测系统。河北、吉林等省人民政府发布关于城市公共交通优先发展实施的指导意见，其中也明确指出市区人口超过100万的城市，不适应建设轨道交通的城市要规划建设大运量快速公交系统（BRT）。这些政策文件，体现了各部门、各级地方政府对快速公交系统发展的关注和支持，为快速公交系统发展提供了良好的政策环境。

二、推动标准规范编制发布

2015年以来，BRT标准化工作进展迅速、成效显著。BRT标准化机制建设不断完善，标准制定、修订纳入城市客运标准体系中。发布实施了5项基础性、关键性国家标准和行业标准，为BRT科学发展提供了坚实的技术保障，清单见表11-1；以《快速公共汽车交通系统规划设计导则》为代表的一批急需适用标准，突破了制约行业发展的瓶颈，促进了我国BRT划设计水平的不断提升，与国际标准化先进水平的差距逐步缩小。

近年来发布实施的快速公交系统相关标准清单　　　表11-1

序号	标准编号	标准名称	发布日期	实施日期
1	JT/T 936—2014	快速公共汽车配置要求	2014-12-10	2015-04-05
2	JT/T 933—2014	快速公共汽车交通系统（BRT）站台安全门	2014-12-10	2015-04-05
3	JT/T 959—2015	快速公共汽车交通系统运营评价指标体系	2015-04-24	2015-07-31
4	JT/T 960—2015	快速公共汽车交通系统规划设计导则	2015-04-24	2015-07-31
5	GB/T 32985—2016	快速公共汽车交通系统建设与运营管理规范	2016-08-29	2017-03-01

2016年8月29日,《快速公共汽车交通系统建设与运营管理规范》(GB/T 32985—2016)发布,从2017年3月1日开始实施。本标准规定了快速公共汽车交通系统的总体要求,车道、场站、运营管理、智能系统、交通工程设施、运营设备等方面的建设要求,以及运营组织调度与服务、运营安全管理、车道管理、场站管理、车辆技术管理、智能系统管理、服务监督管理等方面的基本要求。该标准的发布和实施将对快速公交系统的建设与运营管理起到重要的规范作用。

第二节 地方实践

一、宜昌建立"快速通道+灵活线路"的BRT系统

宜昌作为湖北省第二大城市和三峡大坝所在地,正在展望一个聚焦步行、自行车及高质量的公共交通发展的城市未来,成为区域内可持续交通发展的领军城市。2015年,宜昌市因地制宜,成功实施了BRT系统、慢行交通改善及停车改善等项目,宜昌BRT系统建设在城市最繁忙的主干道东山大道上,南起宜昌东站(高铁站)、经过东山大道、夜明珠路、北至夷陵客运站,走廊串联起3个主城区,长23.9公里,共设38个车站,见图11-1。系统配车数362辆,其中200辆为双开门的新车。日均客流量超过24万人次,高峰小时公交车速从之前的16公里/小时提升到20公里/小时。

图11-1 宜昌BRT走廊

1. 宜昌建设BRT背景

近年来,宜昌市机动车拥有量呈快速增长趋势,高峰交通拥堵情况日益恶化。根据宜昌总体规划,从

2020年到2030年，机动车将由30万辆增长至45万辆，平均每年增长1.5万辆。按照这种发展模式，宜昌市域道路根本无法满足小汽车增长需求。即使把市中心建成快速路，车也是堵在路上，以车为本的发展模式是不可持续的，而解决城市交通拥堵问题的唯一出路就是发展公共交通，提高公交的服务效率，提高道路利用效率。为此，市委市政府决定规划建设中运量BRT系统，实施公交引导城市发展策略，构建城市绿色出行体系。宜昌市将BRT系统建设定位为提升城市交通服务水平，缓解城市交通拥堵，改善居民出行环境的一项成本低、见效快、回报大的民生工程。

2. 宜昌BRT项目的亮点

宜昌的成功不仅仅在其高品质的BRT系统，而且在BRT建设的同时对道路沿线进行了行人、自行车交通改善提升、沿线停车整治、公共自行车系统建设、绿道建设等，这一揽子的可持续交通措施为宜昌市赢得了2016年度"世界可持续交通奖"，该奖项在全球范围内表彰"对可持续交通改革中的快速公交系统、公交引导发展、自行车及停车等方面的杰出领袖城市"。宜昌同时也获得了亚洲开发银行"2014年度最佳表现贷款项目"称号，成为国内中型城市发展公共交通的示范性城市。宜昌BRT项目的优点包括以下六个方面：

（1）采用灵活运营模式，既保留了现有公交灵活性、可达性强的优点，享有"点对点式"系统的快速高效，还可免除"点对点式"系统需要多次换乘的不便。

（2）采用"路中错位站台+地面过街进出站"的形式，既有效减少占用道路宽度，又方便市民使用。

（3）采用"车站内（车外）售检票"和"水平多车门上下车"形式（图11-2），提高公交车的上下客效率，缩短公交车的停站时间。

（4）BRT车站与长途汽车站（夷陵客运站）之间的无缝衔接与整合，方便市民由市内交通向城际交通之间的换乘。

（5）BRT走廊沿线增设29处安全的行人过街通道，路中行人安全岛有助于行人安全过街。

（6）BRT系统沿线设置了连续、隔离的自行车道（图11-3），增设400个自行车停车位，倡导市民选择公交+自行车/步行出行。

图11-2　宜昌BRT车站内景

图11-3　宜昌BRT车站及连续的自行车道

宜昌同时也实施了突破性的停车改革，BRT走廊移除了一半（500个）的后退区停车，并对余下的停车进行了管理改进，沿线设置阻车桩，严格限制机动车在人行道及自行车道上违章停车。

3. 宜昌BRT项目取得的成效

自宜昌BRT 2015年7月15日开始试运行以来，宜昌市民享受到了快捷、优质、高效的公交服务，出

行效率、舒适度大大提升,主要表现在以下五个方面:

(1)高峰小时走廊内公交车速从16公里/小时提升到了20公里/小时。

(2)乘客出行时间及候车时间大幅缩短,人均每次出行候车时间从开通前的10分钟降至目前的6分钟。

(3)高质量的公交服务也引导了市民对出行方式的重新选择,越来越多的市民放弃开小汽车转而使用公交车出行,20%的公交乘客由之前开小汽车及出租车出行转换而来,每天约减少5万次机动车出行。

(4)从2012年起对东山大道公交乘客满意度进行了持续的问卷调查,调查数据表明,公交乘客对公交服务、BRT车站的安全性、BRT车内出行环境、车站环境、BRT车站信息服务的满意度得到大幅提升;市民普遍认为公交服务的可靠性及东山大道的环境有了大幅提升。

(5)BRT系统东山大道沿线的自行车道及人行道为步行和骑自行车创造了更好的环境,自行车出行流量较之前增加了50%,骑行者对自行车设施质量及骑行安全满意度增加了1倍。

二、枣庄因地制宜发展组团式BRT系统

根据枣庄组团式城市特点,枣庄快速公交系统共规划了8条线路,共300公里。自2010年8月B1线开通至今,枣庄BRT线路通车里程达到252.7公里,成为全国最长的BRT运行线网,也是国内唯一实现全程道路专用、信号优先的BRT线网,实现了市辖区全面覆盖、互连互通。枣庄BRT(图11-4)的突出特点是"快、准、捷、廉、好",平均时速45公里、最高时速80公里;车辆进站准点率99%以上、误差在1分钟之内;实行2元一票制并可通过多种方式进行零距离免费换乘。枣庄BRT开通至今,线路平均客流比原线路客运班车增长4倍多,有的线路高达7倍多,且线路客流每年的平均增长率都在25%左右,充分展示了BRT巨大的吸引力。

1. 城乡一体化的快速公交线网规划

采用适应城镇化需求的市域覆盖、联系城乡的快速公交线网规划理念,在充分考虑城乡居民出行需求,综合评定不同公共交通方式适应性的基础上,设计了规模庞大、覆盖全部区(市)、联系城乡的快速公交系统规划布局方案,突破快速公共汽车交通系统设计规范中建议的15~25公里的线路长度,利用长达30~40公里,最长70公里的快速公交线路联系各区(市),并串联途经的主要乡镇及居民聚集区。

2. 综合衔接的城市快速公交场站建设

枣庄快速公交系统建设主要包含四个方面:高铁与快速公交无缝衔接设计、因地制宜的开放/封闭式站台设计、方式内双向多线路换乘设计、场站综合开发建设。重点在中心城区和老城区设立2个功能齐全的换乘枢纽,实现快速公交与高铁、常规公交、客运班线、出租车和社会车辆的零换乘;在人员相对集中的老城区外侧设立一个综合换乘中心,通过地下通道实现与换乘线路进行免费多向换乘;在主要节点上建设站台天桥,实现多线、多向免费换乘;在一些条件不太具备的节点,通过车辆驳载实现双向免费换乘;所有封闭站台均可实现同台同向免费换乘。

3. 面向公交优先通行的信号优先设置

枣庄BRT信号优先系统(图11-5)由路口BRT交通信号机、路口GPS卫星定位接收系统、ZigBee远距离无线传输系统、BRT车载终端系统构成,对于BRT车辆的控制基于"快速公交优先,兼顾社会车辆"的理念。BRT交通信号控制系统通过科学合理的计算,对路口信号周期内的绿灯信号先后顺序进行了调整,各个方向的放行绿灯时间不变,对于BRT车辆连续通过路口而引起同向绿灯时间的延长,采取对其他方向的绿灯时间给予补偿,确保信号周期内的绿信比保持平衡。

图 11-4 枣庄 BRT 车辆

图 11-5 枣庄 BRT 信号优先系统

4. 因地制宜的快速公交专用道路设置

由于城市建成区内外或是途经道路等级不同的道路断面设计，同一条快速公交走廊往往会包含不同的专用道设计，如路中式专用道、路侧式专用道，仅用于 BRT 通行的专用道、允许小型载客车辆公用的专用道，基于双向四车道断面的专用道、基于双向六车道及以上断面的专用道，总的原则是因地制宜、满足需求、减少投资、提高效率。同时，采用了环岛、标线过渡作为不同道路断面转化方式，在快速公交专用道转换过程中并未出现交通瓶颈和安全隐患，提高了道路的使用效率，见图 11-6。

5. 准确高效的快速公交智能调度系统

枣庄 BRT 智能调度系统主要由网络通信系统、运营调度管理系统、乘客信息显示系统、视频监控与周界系统、数字广播系统、UPS 电源系统、接口系统等部分组成。通过全球定位系统（GPS）和通用无线分组业务（GPRS）技术，以地理信息系统（GIS）为操作平台，实现对快速公交车辆状态信息的采集、存储和分析，完成对车辆的实时监控和智能调度，在车辆进站前由站台上的 LED 显示屏实时显示车辆进站信息，见图 11-7。由于以上系统的综合应用，使得车辆进站准点率在 99% 以上，误差不超过一分钟，大大提升快速公交系统的管理水平和运营效率，并为乘客提供及时、准确、全面的运营信息服务和安全、舒适的候车、乘车环境。

图 11-6 枣庄快速公交专用道

图 11-7 枣庄快速公交智能调度系统

第十二章 城市客运服务模式创新

第一节 概况

随着中国经济社会的快速发展,社会公众的消费理念、消费内容和消费层次不断升级,人民群众的出行结构、出行需求和出行方式也在发生深刻变化。而互联网技术的广泛应用,既为适应消费升级、满足消费需求提供了新引擎,也为优化出行服务、改善出行体验注入了新动能,互联网与交通运输特别是公众出行服务正在深度融合、协同发展。

一、"互联网+"融合发展带来的积极作用

"互联网+出行"呈现以下四个特点:一是发展势头迅猛。在大众创业、万众创新的大潮中,受资本驱动、市场需求旺盛等多种因素影响,"互联网+出行"服务领域各种新业态,呈现出爆发式增长态势。短短几年时间,从事出行服务新业态的企业迅速发展壮大,经营规模快速增长,业务网络加速拓展,服务链条快速延伸。二是服务模式多样。能够适应和满足社会公众个性化、高品质出行需求的服务模式蓬勃发展,旅客联程运输平台、网络预约出租汽车、汽车分时租赁、定制客运、定制公交等类型众多、形态各异的出行服务模式不断涌现,呈现出百花齐放的发展局面。三是新旧业态融合。以互联网、云计算、大数据等先进信息技术为依托,新兴企业打破传统业务边界,向传统客运服务领域加速渗透,倒逼传统企业创新组织模式、加速转型升级,而关联企业之间在竞争中逐步走向联盟合作,新业态与传统业态呈现出交互渗透、竞争融合的发展态势。四是社会普遍认同。通过移动互联网技术与运输服务的融合发展和模式创新,为社会公众提供交通资讯、在线购票、线路选择、费用结算、导航换乘、旅行定制等全方位服务,使社会公众切身切实感受到了出行的方便快捷、服务的准时高效,受到人民群众的普遍认同。

二、"互联网+"融合发展带来的深刻变革

"互联网+出行"新业态的快速发展,推动了传统客运领域的深刻变革,产生了积极影响。主要体现在:一是新业态的发展,为改善运输服务品质注入了新动力。新业态将传统固定化、标准化的运输模式,优化调整为个性化、多样化的服务模式,提供了全新的出行体验,倒逼传统行业不断调整供给结构,加速了运输行业服务模式的重塑与再造,带动了客运服务领域整体服务水平不断提升。二是新业态的发展为带动运输服务提质增效提供了新空间。新业态打破了出行服务供需双方的信息壁垒,通过"去中间化"和扁平化,降低了市场交易成本,促进综合运输领域各类资源要素的有效整合与信息对接,带动了行业提质增效。三是新业态的发展为优化运输市场监管方式开辟了新路径。运输服务领域市场主体众多、经营业户分散、从业人员流动性强,行业监管难度较大,违法违规、失信经营等问题较为突出。"互联网+"新业态的发展使得各类信息更易获取、更加透明,为政府部门创新监管模式,提升治理能力和治理水平提供了新路径。

三、"互联网+"融合发展取得的成效

近年来,为深入贯彻落实国务院关于"互联网+"行动的战略部署,交通运输部相继出台了推进实

施"互联网+"便捷交通的政策措施，统筹谋划"互联网+出行"发展取得了显著成效。主要体现在：一是围绕智慧出行，开创城市公交服务新局面。结合公交都市建设，在37个城市实施了公共交通智能化应用示范工程，推动城市公交与移动互联网深度融合，将城市道路规划、建设、公交、停车、秩序管理集为一体，实现了动态和静态信息自动采集、线路智能调度和监管、车辆到站信息预报等功能，并通过手机APP向广大乘客提供交通出行信息服务。二是围绕资源整合，打造互联互通出行新载体。交通运输部将道路客运联网售票和交通一卡通互联互通，作为"2016年交通运输更贴近民生实事"的重要内容。再经过1~2年的努力，道路长途客运也将与民航、高铁一样，通过手机和互联网购票。截至2016年年底，全国有超过100个城市的交通一卡通能够实现互联互通。三是围绕惠民便民，推出多样化出行服务新产品。交通运输部发布实施了《城市公共交通"十三五"发展纲要》，鼓励发展定制公交、社区公交、分时租赁、汽车共享。目前，已有多个城市相继开通了"一人一座，一站直达、同乘共享"的定制公交服务。正抓紧研究制定关于促进汽车租赁业的健康发展的指导意见，支持发展汽车共享与分时租赁新模式。四是围绕技术创新，拓展运输服务"+互联网"新模式。鼓励传统企业积极探索"客运服务+互联网"模式，开发交通出行预约信息线上平台，开展定制巴士、定制快车、公务出行、机场接送、校园专线、运游结合等定制客运业务，更好地满足旅客个性化、多样化出行需求。五是积极推进改革，构建出租汽车出行服务新体系。出租汽车是"互联网+"在运输服务领域率先发力、备受关注的重点领域。各级交通运输管理部门贯彻落实《国务院办公厅关于深化出租汽车行业改革的指导意见》，正努力构建包括巡游出租汽车、网络预约出租汽车在内的多样化服务体系，按照七部委共同制定的《网络预约出租汽车经营服务管理暂行办法》，推动网络预约出租汽车健康有序发展。

第二节　地方实践

一、北京提供定制公交、快速直达专线等多样化城市客运服务

1. 定制公交和快速直达专线

定制公交是通过互联网平台，聚合乘客需求，将线上乘客需求和线下公交服务有机结合起来的一种公交服务模式。乘客通过定制公交平台（图12-1）提出个人出行需求，对公交线路和时间设置的需求人数达到一定规模，公交企业根据约定的时间、地点和线路开行。定制公交可以走公交专用道，具备优先通行的优势，采用一人一座、一站直达、优质优价的服务方式；使用配备空调和车载Wi-Fi的公交车，为广大乘客提供安全、快捷、舒适、环保的公交出行服务。截至2016年年底，北京市已开行163条线路。

快速直达专线是在早晚高峰期间采取直达或大站快车的运营方式，所有车辆使用配备空调的公交车（图12-2），可以走公交专用道，具备优先通行的优势。与定制公交不同，乘客无需提前进行预订，只需到指定的站点按照指定的时间乘车即可。截至2016年年底，北京市共开通快速直达专线149条。

图12-1　定制公交电子服务平台

2. 休闲旅游专线和节假日专线

2015年9月，北京市通过定制公交平台和定制公交APP推出了休闲旅游专线板块，进一步丰富了定制公交平台服务品种，市民和游客可以在定制公交平台和定制公交APP中查询、预订相关的旅游线路。2016年3月，北京市推出了节假日专线。节假日专线于"清明

节""五一""端午节""中秋节""十一""红叶节"等各节假日期间运营,使用旅游版公交车,采取大站直达的方式提供优质优价的多样化公交服务,方便乘客由市区去往北京周边各大旅游景点、公园等地游玩出行,见图12-3。

图12-2 清洁能源车型快速直达专线

图12-3 北京旅游公交1线

3. 夜班线路和高铁快巴

2014年,北京市重新规划全市夜班公交线路,调整开通线路34条,乘客乘坐任何一条夜班线路,都可以实现至少4条夜间线路的接驳换乘,实现了三环内贯穿城区主干路24小时公交运营全覆盖。2016年,针对通州城区、天通苑和回龙观三个特大型居住区的集中出行需求,新开通夜27路和夜38路,并延长夜26路,实现与既有市区夜班线网的有序衔接,方便沿线市民的夜间出行。针对国庆节、春节后期返程高峰以及高铁晚间到京的集中出行需求,开通了高铁快巴,见图12-4,及时有效地对晚间抵京客流进行了疏散。

图12-4 北京南站高铁快巴

北京市多样化公交经过3年多的发展,截至2016年年底,共开通线路360余条,其中,定制公交开通线路163余条,快速直达专线开通线路149条,休闲旅游专线开通线路12条,节假日专线先后开通36条。定制公交商务平台正式上线以来已累计访问1300万人次,累计注册近4万人。

二、成都开通免费社区巴士,完善公共交通服务网络

为解决成都市部分中小街道和城市新建成区域存在的"大公交难以通达、市民步行距离较远"的"最后一公里"出行难题,成都市创新性设计了城市微循环公交服务——免费社区巴士。

成都市社区巴士多为6.6米和7米小型车辆，更有利于在中小街道运行，同时更贴合社区巴士线路的客流特征，运营车辆使用清洁燃料以减少对社区环境的影响；线路长度在5公里以内，站间距200米左右，以服务短距离出行为主，用于加强居民小区和周边的地铁、公交车站以及商场、学校、医院的衔接；采取顺时针单循环运行，不但减少车辆左转对交通组织的影响而且减少等候信号灯的时间以提高运行效率；社区巴士在不同时段采取分层级发车间隔，有利于高效利用公共交通资源、避免浪费；社区巴士实行刷卡免费乘坐，吸引很多市民去乘坐体验。

2016年，成都市社区巴士日均载客量24.19万人次，投入小公交车辆596台，单车日均客运量按车型大小换算后接近干线公交的服务水平。成都的社区巴士线路覆盖了大量公交盲区，提高了常规公交线网可达性和覆盖范围；接驳补给干道公交，提高了城市公交网络运转速度；连接居住区周边的公共服务及交通设施，促进了社区和周边公共服务设施的衔接与融合；有效完善了成都市"快+干+支+微"四级公交服务体系，进一步提升了公共交通的吸引力，引导市民交通方式向低碳环保的公交出行方式转移。

三、苏州开通"苏州好行"旅游观光巴士，推动旅游、交通融合

为构筑苏州旅游公共服务体系，构建与旅游相配套的交通网络，让游客更好地体验苏式旅游，2015年8月，作为升级版市民公交和创新版游客服务的"苏州好行"旅游观光巴士正式开通运营，见图12-5、图12-6。

图12-5 苏州好行线路图

"苏州好行"旅游观光巴士主要服务来苏旅游散客，衔接火车站、汽车站，停靠主要景点、商贸酒店集聚区，实现旅游要素相互串联、水陆相互联动；采用"量身定做"的专属旅游公交车；线路长度以短线为主，覆盖了苏州古城区、高新区和工业园区，线路设计充分考虑到苏州餐饮、酒店聚集区、交通枢纽站、游船码头、旅游景点和繁华商业街区等城市功能单位，并兼顾道路通行能力、沿途景观的观赏性；统一采用刷卡乘车，乘客可直接在车上购买乘车卡，还可通过手机客户端，以及苏州各大汽车站、旅游集

图12-6 苏州好行旅游巴士

散中心、各大酒店等进行线上线下的"好行卡"购买，见图12-7、图12-8。

2016年，苏州市旅游观光巴士投入60多辆，开通7条线路，形成古城2环、新城2线和古镇2片的旅游交通体系，并将售票服务点与咨询中心服务整合、方便游客零距离换乘。此外，作为串联旅游景点、接驳城市交通的旅游直通车，短线直达旅游观光巴士切入定制游市场，苏州市推出古城水上游、园林、寒山寺、同里古镇等经典纯玩无购物线路，咨询、购票、导游、定制线路、直通车一站服务，进一步整合了苏州市旅游业态资源，激发了旅游产业新活力，实现来苏游客好行、无忧、畅游。

图12-7 苏州好行卡

图12-8 苏州好行旅游巴士

四、杭州创新公交付款方式，实行支付宝付款乘坐公交

杭州公交以乘客需求为导向，致力于推进移动支付、云平台、大数据等互联网技术在公交领域的应用。2016年，为方便公众乘坐公交车辆、减少现金投币准备零钱等环节，杭州市市委、市政府实施"一号工程"建设，为公众提供更多的支付方式和支付渠道，杭州市公共交通集团有限公司与支付宝（中国）网络技术有限公司合作，积极创新，完成了用支付宝乘坐公交车的系统开发和设备研制工作，并于2016年8月在506路公交车上试点应用，见图12-9。

应用支付宝乘坐公交车是现金投币乘车的一种移动支付的替代方式，扣款金额与投币金额一致，乘客无需自备零钱或兑换零钞，只要在开通支付宝的手机上打开"支付宝"或公交APP，点击"公交支付"生成的"二维码"靠近公交扫码器刷码付费即可。

应用支付宝乘坐公交车是浙江省、杭州市两级政府明确的便民服务项目之一，也是智慧城市建设的重要内容，为公交集团收银节约了时间，为线路规划、运力投放提供了辅助决策依据，为公众提供了便捷服务。

图12-9 杭州市公交车支付宝支付设备

第十三章 城市交通拥堵治理

第一节 概况

随着我国城镇化进入快速发展阶段,城市空间格局迅速拉开,居民出行距离大幅增加,机动化交通出行需求迅速增长,带来了巨大的交通压力,城市交通拥堵不断加剧。一线城市普遍陷入交通拥堵,二线城市交通拥堵时间和区域范围不断扩大,中小城市主干道、交叉口等局部拥堵情况不断蔓延,成为我国普遍的"城市病"。

针对日益严重的城市交通拥堵问题,各级政府对城市交通综合治理工作高度关注。李克强总理在《2016年政府工作报告》中强调,要完善公共交通网络,治理交通拥堵等突出问题。2016年,为缓解城市交通拥堵,提高出行效率,各城市通过优先发展城市公共交通系统、制定治堵方案、提高公交智能化水平等综合施策,积极推进交通拥堵治理工作。

第二节 地方实践

一、北京市全面开展城市交通拥堵综合治理

近些年来,北京市继续全面开展交通拥堵治理工作,加快建设北京现代化综合交通运输体系,着力推动交通运输服务提质增效升级。2016年全年日均交通指数为5.6,相比2015年同期下降1.8%,绿色出行比例71%,全市交通运行总体安全平稳有序,城市交通拥堵治理取得阶段成效。

1. 落实区政府缓解交通拥堵工作主体责任

制定并发布了缓堵专项责任清单,明确了区域交通综合治理、区级次干路支路建设、停车设施建设、停车秩序管理、市级交通基础设施征地和房屋征收拆迁、代征代建道路的移交管理、公共自行车站点建设设施投放和运营管理工作7个管理领域共140余项责任。市政府与16个区政府签订了《缓解交通拥堵目标责任书》,成立了市政府缓解交通拥堵专项督查组,搭建起督查信息系统,及时更新任务进展,强化落实问责机制。城六区结合自身缓解交通拥堵任务,分别制定了工作方案及任务书,并成立了区缓解交通拥堵工作领导小组,确定了成员单位和工作职责,有效推动了各项工作的进展。

2. 加大城市交通基础设施建设力度,提升交通网络通达性

近五年,为进一步完善城市交通网络,治理交通拥堵,北京市投资3400亿元用于全市领域交通基础设施建设,占同期全市固定资产投资的13%,公共交通投资占市级交通基础设施比重达到75%。在充足的资金保障下,北京市交通基础设施规模持续快速增长。城市道路方面,京台高速北京段通车,南五环到河北仅20分钟;广渠路二期开通,京通快速、京哈高速早晚高峰压力得到缓解;京良路打通断头路,连通南五环,为京港澳高速杜家坎减压;一批高速公路和城市道路重点项目落地。公共交通方面,轨道交通运营里程从372公里增长到574公里。城市道路里程从6258公里增长到6374公里,高速公路里程从912公里增长到1014公里。路网结构进一步完善,线路通达性、便捷性进一步提升。

3. 综合运用交通需求管理措施,控制机动车出行强度

一是实施小客车配额管理制度,控制小客车数量。2011年以来,北京市实施小客车数量调控,以摇号方式无偿分配小客车配置指标及适当提高一类区域停车费等方式缓解拥堵。2016年交通部门第五次综

合交通调查结果显示,本市小汽车出行比例首次出现下降,轨道交通出行比例大幅提高。2016年,绿色出行比例达71%。

二是从"供给侧"和"需求侧"入手,规范停车秩序。组建市级停车管理中心,通过实行"禁停严管街"违法停车可直接拖车、无禁令地点停车处200元罚款、交管部门加大监控巡检力度和施划更多禁止停车标线等一系列措施,调整机动车违法停车查处力度,整治北京市停车乱的问题;对北京市停车资源进行停车普查,对比一个时间点上的停车需求和车位数量,并通过红色、黄色、绿色的色斑区域表明停车供需的差额,为市民选择、城市停车位规划提供参考;在路侧停车方面,在东城、西城和石景山区开展试点对城六区路侧停车位编号,一位一号、进一步推进电子化停车工作的实施,实行路边停车电子收费,使市民通过微信、支付宝、APP等非现金方式缴费,改善市民停车缴费习惯,且避免乱收费等问题;并计划建设停车资源管理与综合服务应用平台,改变不同类车位各自为政的现况,整合北京市停车静动态资源的停车资源数据中心,将停车绑定互联网,使市民出门前可用手机、电脑等终端查询目的地车位、设置停车引导,预订车位,实现网上付费等。

4. 不断优化公共交通结构,提升城市公共交通吸引力

地面公交运行条件不断改善,京通快速路、京开高速、三环路、京藏高速和京港澳高速施划公交专用道,全市公交专用道达到845公里,建成4条大容量快速公交线路,快速直达专线达到140条,初步建成地面公交快速通勤系统。定制公交、高铁快巴、旅游专线、快速直达专线等多样化公交线路达到303条,公交服务多样化、多层次、精准化效果初现。

轨道交通运营水平持续提升,路网兑现率和准点率逐年提升,2016年达到99.9%以上。轨道交通先后36次提高既有线路运力,全面提升路网运输能力,1号线、2号线、4号线、5号线、10号线骨干线路最小行车间隔缩短至两分钟。

骑行步行环境显著优化,自2013年启动步行和自行车系统整治,共计完成步道和自行车道治理1066公里。同时加强自行车停车设施管理,在人行步道上设置阻车桩,还路于行人和自行车。

5. 稳步推进交通堵点疏通工作,提升城市交通运行效率

近五年来,北京市一共实施了718项工程规模较小、实施周期相对较短的疏堵工程,明显提升了市域交通的运行速度,缓解了传统交通拥堵地区的交通压力,为一大批堵点提速。

其中,万泉河桥区匝道完善主体工程,新建西向北远引匝道,全长1.41公里。一条匝道的规划建设,可以为西向北行驶车辆避开3个红绿灯,高峰期通过桥区提速20分钟。完工通车后,能实现四环路(内环)与万泉河快速路出京方向的快速转换,车辆通过桥区速度成倍增加,大大缓解了万泉河立交的辅路交通压力。机场高速公路五元桥拓宽,进京方向从温榆桥至五元桥的车程缩短3~5分钟。京承高速(主收费站—黄港立交)三车道拓宽为四车道,通行能力提升30%以上。

6. 扩大宣传全民治理交通拥堵

北京市在北京电视台、北京交通广播、北京日报、腾讯网等媒体开设专题专栏,搭建治理交通拥堵大讨论平台,广泛开展缓解交通拥堵大讨论。围绕年度缓解交通拥堵行动计划中确定的工作任务和交通话题,邀请人大代表、政协委员、专家学者以及广大市民参与发声,让各种观点充分展示、交流、碰撞,为缓解交通工作营造良好舆论氛围、凝聚各方整体合力、达成广泛社会共识。持续开展"向交通陋习说'不'"社会讨论和"我为首都交通献良策"缓解交通拥堵市民意见建议征集活动,畅通市民建言献策渠道。

二、浙江省省市县三级联动治理拥堵

从2013年开始,浙江省委、省政府着手开展全省治理城市交通拥堵工程,确定两个"明显"目标,即历时五年,努力使全省城市交通拥堵状况明显改观,人民群众满意度明显提高。浙江省首创省市县三级

联动治堵模式，层层把关，以"优公交、增车位、严管理"为重点，坚持"远近结合、综合治理、突出重点"的原则，规划、建设、管理"三位一体"，着力采取优先发展公共交通、加快路网建设和易堵节点改造、加快停车设施建设、加强道路交通管理、适当减少市内小汽车出行等五大措施大力治理城市交通拥堵。

1. 突出组织机构的重要作用

为组织好全省交通拥堵治理工作，浙江省成立省级治理城市交通拥堵工作领导小组，省政府分管领导担任组长，省政府分管副秘书长、省交通运输厅和省住房和城乡建设厅主要负责人、省公安厅分管负责人担任副组长，省有关部门负责人参加。省领导小组办公室设在省交通运输厅，由省交通运输厅主要负责人兼任办公室主任，并从省领导小组各成员单位抽调专职人员组成，具体负责全省治理城市交通拥堵的组织协调、监督考核等工作。浙江全省地市和县均成立了治堵工作领导小组，由城市政府主要领导或分管领导担任组长。至此，全省建立了一套非常完整的三级领导机构，为全省综合治理城市交通拥堵奠定了良好的体制机制基础。

2. 注重监督考核的约束机制

为了将治堵工作落到实处，浙江省出台了《浙江省治理城市交通拥堵工作考核办法（试行）》，每年省政府制定年度省级治堵计划和因地制宜的详细、可操作、可落地的治堵考核目标体系，以任务书的形式下达各市级人民政府，实行每月通报、每季例会、半年督查、年度考核制度，考核结果与领导干部考核奖惩相挂钩。考核评定采用评分法，满分为100分，并可对发生严重拥堵事件等情况实行倒扣分，考核结果实行排名，并向社会公布。对治理城市交通拥堵工作不力的市、县（市、区），将采取通报批评、新闻媒体曝光及组织处理等措施。

经过三年多的治理，浙江省明晰了治理交通拥堵的组合拳措施。一是强化城市规划引领作用。注重调整优化城市功能布局，努力实现"职住平衡、产城融合"，从源头上减少交通出行需求。二是优先发展公共交通。确立公共交通引领和支撑城市交通发展的格局，在规划布局、设施建设、技术装备、运营服务等方面明确公共交通优先发展目标。三是构建立体交通。加快高架、环线、主干道、快速路、交通枢纽站场及地铁、轻轨等城市交通基础设施建设，形成立体交通。四是打造智慧交通。提高交通信息化管理水平，优化城市交通流组织，依靠科技手段提高路面通行能力加大循环交通实施力度。五是打造低碳交通。借鉴国内外先进经验，探索通过设施供给、经济杠杆、必要的行政管理和宣传倡导等多种手段，倡导绿色低碳出行。六是加快停车设施建设。加快推进公共停车场（库）建设，推进停车产业化发展。七是加强道路交通管理。加大重点路段重点违法的查处力度，提高路面"见警率""管事率"和"管控率"。

三、南京治堵——公交专用道 越堵越要造

过去，南京是有名的"堵城"。如何治堵？南京没有限行、限购，而是通过加大投入力度、完善公共交通网络，提高公交出行吸引力，让乘客用脚投票。通过打造更便利、更优质、更绿色的城市交通出行体系，让公交出行受到越来越多市民的青睐。目前，南京公共交通日均运送乘客550万人次，公交的机动化出行分担率达到59%。经第三方机构调查，南京公共交通的满意或基本满意率超过95.2%。

1. 努力提高公众出行的便利程度

截至2016年年底，南京已拥有6条地铁运营线路，"纵贯南北、横贯东西、双线过江、延伸郊区"，总长度达224公里，位列全国第五。与此同时，新增公交线路"围着地铁建"，减少市民换乘距离，线网结构不断优化。近年来，南京新辟和调整公交线路119条，中心城区公交站点500米覆盖率提高至92%。为满足特定人群的出行需求，南京还推进"互联网＋公交"，开通了多条"定制公交""高峰巴士"。

2. 不断创造更优的服务品质

以前，南京有11家公交企业，企业性质各异，服务质量参差不齐，群众意见较大。后来，南京对公

交企业进行整合，形成了5家国有企业分区域运营的管理格局。同时，制定相关考核办法，让公交企业高管人员的收入、企业每年获得的财政补贴与安全营运服务质量挂钩，激发企业做强做优。此外，南京还大力推进公交专用道建设，保障公交路权优先，目前已建成67条、超过150公里。"和很多城市不同，我们是越堵的地方越要建。"南京市交通运输局主要负责同志介绍，设置专用道，短期内路可能更堵，但长期看，会促使一部分私家车主转向公共交通，从而大幅减轻路面压力。

3. 积极引导市民绿色出行

南京积极推进公共自行车发展，目前已建成站点1443个，投放公共自行车4.7万辆，累计办卡42.1万张，市民日均使用自行车约16万人次，"首末一公里"出行更加便利。南京还大力推广使用更绿色的公交车辆，新能源公交车、天然气清洁能源公交车已超过全市公交车总量的六成。

此外，南京市还通过机制创新，形成推进合力。专门设置了公交乘客委员会（以下简称"乘委会"）。乘委会的职责主要是对公交车是否规范停车、安全行驶等进行评价，同时也会组织专门的调查、走访、蹲点等。在管理部门规划线路、设置站点、提升服务时，乘委会的意见会成为决策依据。2013年5月，南京市又成立了城市公共交通委员会。委员会成员涵盖财政、审计等15个部门和各区负责人，这样的顶层设计可以在各部门间统筹协调，解决城市公共交通发展过程中的重大问题，高位协调，形成推进合力。

四、深圳市"组合拳"综合整治交通拥堵

近些年来，随着城市规模不断扩张，机动化进程加快，深圳市城市交通拥堵的"城市病"越来越凸显，城市交通拥堵愈演愈烈激发了深圳市加快顶层设计，标本兼治综合治理城市交通拥堵，从规划控制引导职住平衡，实施"组合拳"综合治理城市交通拥堵，在机动车保有量大幅增长情况下，深圳治堵工作取得良好效果，取得这一治堵成果的背后是深圳提出和实施了交通拥堵综合治理策略和措施，并且在深圳各部门协同配合下，各项治堵行动和项目得以实施，最终实现预期治堵的目标。

1. 理念转变，从"治小汽车堵"到"公交治堵"

每年，深圳市交通运输委牵头制定年度《交通拥堵综合治理策略措施及行动方案》，坚持一个基本导向，即改变传统"治小汽车堵"实施公交治堵，并围绕"治公交堵"为深圳公交提速，引导市民更多选择公交出行。具体而言，"公交治堵"包括：一是公交提速措施，推进新建新彩隧道路中专用道、新增路侧公交专用道、新增公交专用进口道等工程；二是公交扩容措施，推进公交站点改造、新增公交车辆、路内换乘点等；三是公交运行瓶颈点打通措施，通过拥堵道路和节点改造改造工程，提升公交运行效率；四是公交接驳提升措施，改善轨道、公交站点周边人行道、自行车道设施，并增加公共自行车租赁点；五是公交路权保障措施，推进增配公交专用道电子警察、高清摄像头等。其治堵的核心是通过一系列的"治公交堵"行动实现公交系统整体提升，从而促进公交吸引力、道路运行效率的提高，缓解交通拥堵。

2. 综合施策，实施多种交通出行方式综合治理

深圳的交通拥堵综合治理策略措施强调多方参与、综合施策。每年交通拥堵综合治理工作在交通拥堵综合治理联席会议的框架下，由深圳市交委牵头，深圳市公安交警局配合，各区政府、规土委、发改委、城管局等部门协同完成。其治堵行动综合施策汇集"规划、建设、管理"等多方面，包括综合治理"公交、行人、自行车、小汽车"多种交通出行方式的交通拥堵。深圳还积极推动交通运输的改革创新，探索符合深圳实际的特大型城市交通发展和管理模式，力争在交通重点领域和关键环节攻坚克难，打造与国际一流城市相匹配的交通体系。

3. 设施挖潜，实施"短平快"治堵

在缓解城市交通拥堵方面，深圳一方面大力推进道路等基础设施的建设，一方面则对拥堵点进行改造，试图通过现有设施的改造来提升道路通行的效率，实现"小投入，大成效"。在重点设施推进方面，每年安排重点道路、轨道交通、公交专用道等建设计划；在拥堵热点改善方面，通过优化公交设施、慢行

设施和交通组织,改善拥堵热点交通状况;在信号灯控优化方面,通过新增、改造、调整信号交叉口,使得交叉口运行效率显著提升。

4. 出行引导,鼓励居民选择绿色出行

随着城市不断建设发展,人口不断聚集,深圳市城市空间愈加有限,深圳从调控需求出发,抑制小汽车过快的增长和使用,引导人们出行方式向公共交通转移。一是实施差别化停车收费,通过价格杠杆,有效引导居民放弃小汽车出行,选择公共交通方式和绿色方式出行。二是重建和完善慢行网络,改善轨道交通站点周边的慢行设施和慢行网络,实现慢行系统与机动车分离,使慢行出行品质持续提升。

5. 严格执法,强力矫正不文明驾驶行为

深圳统计发现,在造成拥堵的原因中,69%为常发拥堵(非秩序),16%为常发拥堵(秩序型),15%为偶发拥堵,其中偶发拥堵包括事故、坏车、施工等多方面原因。为此,深圳市严格交通执法,规范道路交通秩序,提升交通系统的运行效率和可靠度。深圳开展"法治通城行动",用法治手段强力矫正不文明驾驶行为,联合执法,集中整治、重拳打击,危险驾驶、车辆违章、重点区域违停等违法行为,成效显著,交通遵章率显著提升。严格执法同时深圳也注意用智能交通引领交通管理,启动了公交车载抓拍终端安装,新增高清摄像头、360度执法设备、信息发布屏等工作,充分发挥智能交通综合管理的优势。

2016年度城市客运大事记

IMPORTANT EVENTS OF URBAN PASSENGER TRANSPORT IN 2016

2016年度城市名校
大事記

1月

12日 交通运输部部长、部安委会主任杨传堂主持召开2016年第一次部安委会会议。他强调，要切实把思想和行动统一到中央领导同志的要求部署精神上来，充分认识交通运输安全形势的严峻性和复杂性，切实将落实安全生产责任作为重中之重，扎实做好"十三五"和今年安全生产工作，坚决遏制重特大事故发生。

19日 2016年全国春运电视电话会议在京召开。交通运输部党组成员兼运输服务司司长刘小明出席会议，要求各地切实强化责任意识，践行群众观念，围绕建设人民满意交通，认真贯彻2016年春运工作通知精神，打造便民惠民的温馨旅途，从严从实保障春运平安有序。

27日 中共中央政治局委员、国务院副总理马凯在北京市检查春运工作。他强调，做好春运工作是重要的民心民生工程，要坚持旅客为本、安全第一，为人民群众欢度新春佳节提供可靠的交通运输保障。

28日 春运期间，交通运输部派出6个检查组，分别由部领导和有关司局带队，通过明察暗访的形式，分赴13个春运重点省份开展了春运和交通运输安全检查；同时组织7个省份开展了省际间的交叉检查。部党组书记、部长杨传堂对此次春运检查作出批示，他强调，努力打造平安春运、温馨春运、诚信春运，为全国人民欢度新春佳节提供坚实有力的交通运输保障。

2月

2日 交通运输部发布《城市公共汽电车突发事件应急预案编制规范》(JT/T 1018—2016)，规定了城市公共汽电车突发事件应急预案的体系、各级预案内容要点、编制基本要求、政府应急预案编制内容及运营企业应急预案内容。

3月

4日 《财政部 国家税务总局关于城市公交站场道路客运站场 城市轨道交通系统城镇土地使用税优惠政策的通知》(财税〔2016〕16号)发布，2016年1月1日至2018年12月31日，城市公交站场、道路客运站场、城市轨道交通系统城镇土地使用税优惠政策。

14日 十二届全国人大四次会议举行"深化出租汽车改革与发展"记者会，交通运输部部长杨传堂、部党组成员兼运输服务司司长刘小明、北京交通发展研究中心主任郭继孚一同回答了中外记者的提问。

31日 交通运输部印发《"我的公交我的城"重大主题宣传活动方案》，要求各省（区、市）交通运输主管部门和有关单位在部统一部署下，高度重视，精心组织，认真落实，积极配合，共同做好宣传工作，为公共交通发展营造良好舆论氛围。

4月

8日 交通运输部发布行业标准《城市轨道交通运营突发事件应急预案编制规范》(JT/T 1051—2016)、《城市公共交通出行分担率调查和统计方法》(JT/T 1052—

2016）和《无轨电车配置要求》(JT/T 1053—2016)。

10 日　　以"运输服务行业治理体系和治理能力现代化建设"为主题的 2016 年全国运输服务厅局长研讨班在福建省福州市开班。开班前，交通运输部部长杨传堂对研讨班作出批示。交通运输部党组成员兼运输服务司司长刘小明作主题讲话。

11 日　　交通运输部印发《关于推进春运服务举措常态化　持续提高旅客运输服务质量的通知》，要求各地交通运输主管部门认真梳理总结春运期间方便群众出行的好做法，积极发展联程运输，持续加强运输衔接，创新旅客购票服务，加快推动春运便民服务举措常态化，持续提升旅客出行满意度和获得感。

5月

17 日　　2016 年第一期全国交通运输局长、运管局长培训班在交通运输部管理干部学院开班。交通运输部党组成员兼运输服务司司长刘小明作动员讲话。

6月

17 日　　交通运输部、公安部、国家安全监管总局、中华全国总工会、共青团中央等五部门联合印发通知，对在 2016 年春运"情满旅途"活动中表现突出的 231 个集体和 320 名个人予以通报表扬，以激励先进，弘扬奉献和服务精神。

23 日　　交通运输部召开深化出租汽车行业改革工作座谈会，马凯副总理出席。各地交流改革进展情况，以会代训，为各地解读即将出台的两个改革文件的主要内容和政策要点，研究部署深化改革和维护行业稳定有关工作。

7月

5 日　　交通运输部正式印发《综合运输服务"十三五"发展规划》（交运发〔2016〕116 号），明确到"十三五"末，重点区域内城市间交通一卡通互联互通率达到100%，城区常住人口 300 万以上城市建成区公共交通机动化出行分担率达到60%。

25 日　　交通运输部印发了《城市公共交通"十三五"发展纲要》（交运发〔2016〕126 号）。《纲要》描绘了"十三五"期我国城市公共交通发展的愿景，提出到 2020 年初步建成现代化城市公共交通体系，明确了"十三五"期我国城市公共交通发展的五大任务。

25 日　　《财政部　国家税务总局关于城市公交企业购置公共汽电车辆免征车辆购置税的通知》（财税〔2016〕84 号）印发，自 2016 年 1 月 1 日起至 2020 年 12 月 31 日止，对城市公交企业购置的公共汽电车辆免征车辆购置税。

26 日　　《国务院办公厅关于深化改革推进出租汽车行业健康发展的指导意见》（国办发〔2016〕58 号）发布。

26 日　　交通运输部部长、部安委会主任杨传堂主持召开 2016 年第二次部安委会会议，杨传堂要求，各单位、各部门要持续全力做好汛期交通运输安全生产工作，扎实做好 G20 峰会等重点时段交通运输安全保障，大力推进各项安全生产专项行

		动,切实加强安全生产监督检查,求真务实,确保交通运输安全发展、科学发展。
	27 日	《网络预约出租汽车经营服务管理暂行办法》(交通运输部 工业和信息化部 公安部 商务部 工商总局 质检总局 国家网信办令 2016 年第 60 号)发布。
	27 日	交通运输部会同中央维稳办、中央网信办、国家发展改革委、工业和信息化部、公安部、商务部、工商总局、质检总局等部门联合召开电视电话会议,贯彻落实深化出租汽车行业改革两个文件,动员全行业统一认识,迅速行动,深化出租汽车行业改革,依法加强网约车管理。交通运输部部长杨传堂出席会议并强调,各地要高度重视,稳中求进,坚决打赢这场改革攻坚战。
	28 日	国务院新闻办举行深化出租汽车行业改革新闻发布会。
	28 日	交通运输部党组书记、部长杨传堂到浙江省杭州市,就 G20 峰会交通运输保障工作开展调研。杨传堂强调,要进一步提高认识,明确目标,落实责任,细化强化各项安保防范措施,确保高质高效完成峰会交通运输安保工作任务,全力服务 G20 峰会的顺利召开。
	29 日至 31 日	交通运输部举办了深化出租汽车行业改革两个文件宣贯培训班,为各地出租汽车行业主管部门相关人员深入解读了两个文件的主要内容。刘小明副部长出席了培训班结业典礼,并就推动政策落地实施相关工作进行部署。
8月	25 日	交通运输部下发《关于组织开展 2016 年"公交出行宣传周"活动有关事项的通知》(交运函〔2016〕551 号)。将 2016 年"公交出行宣传周"活动的组织主题、活动目的、活动内容和活动要求等进行了详细的安排和部署。
	26 日	交通运输部发布《关于修改〈出租汽车经营服务管理规定〉的决定》(交通运输部令 2016 年第 64 号)、《关于修改〈出租汽车驾驶员从业资格管理规定〉的决定》(交通运输部令 2016 年第 63 号),对《出租汽车经营服务管理规定》(交通运输部令 2014 年第 16 号)、《出租汽车驾驶员从业资格管理规定》(交通运输部令 2011 年第 13 号)的有关内容进行了修订。
	29 日	国家标准化管理委员会发布《城市客运术语 第 1 部分:通用术语》(GB/T 32852.1—2016),规定城市客运专业领域中所涵盖的基本术语、站类设施、运载工具、运营服务与安全、信息系统、保养与维修、技术经济指标等常用的术语。
	29 日	国家标准化管理委员会发布《快速公共汽车交通系统建设及运营管理规范》(GB/T 32985—2016),规定快速公共汽车交通系统的总体要求,车道、场站、运营车辆、智能系统、交通工程设施、运营设备等方面的建设要求,以及运营组织调度与服务、运营安全管理、车道管理、场站管理、车辆技术管理、智能系统管理、服务监督管理等方面的基本要求。
9月	13 日	交通运输部安委会召开 2016 年第二次会议,部长、部安委会主任李小鹏主持会议并要求,中秋节、国庆节即将到来,要加强分析研判假期旅客运输特点,切

		实保障"两节"期间交通运输安全稳定。
	28日	交通运输部召开2016年第二季度道路运输安全生产分析 推进运输服务行业更贴近民生实事电视电话会议。交通运输部安全总监成平出席会议并讲话。

10月

13日	国家标准化管理委员会发布《城市公共汽电车客运服务规范》(GB/T 22484—2016)，规定城市公共汽电车客运服务的总体要求、车站设施、运营车辆、运营服务人员、运营调度、行车服务、车厢服务、智能化信息服务、运营安全、服务监督的要求。
21日	交通运输部发布《网络预约出租汽车运营服务规范》(JT/T 1068—2016)，规定网络预约出租汽车经营者、驾驶员、运输车辆、经营者服务流程、驾驶员服务流程及服务评价与投诉处理的要求。
21日	交通运输部发布《巡游出租汽车运营服务规范》(JT/T 1069—2016)，规定巡游出租汽车经营者、服务人员、车辆、服务站点、运营服务及服务评价与投诉处理的要求。
25日	交通运输部、国家发展改革委、公安部、财政部、国土资源部、住房城乡建设部、农业部、商务部、供销合作总社、国家邮政局和国务院扶贫办联合发布《关于稳步推进城乡交通运输一体化提升公共服务水平的指导意见》(交运发〔2016〕184号)。
25日	《国家税务总局 交通运输部关于城市公交企业购置公共汽电车辆免证车辆购置税有关问题的通知》(税总发〔2016〕157号)发布。
27日	交通运输部办公厅发布了《关于开展城乡交通运输一体化建设工程有关事项的通知》(交办运〔2016〕140号)。

11月

4日	交通运输部办公厅、工业和信息化部办公厅、公安部办公厅、中国人民银行办公厅、税务总局办公厅、国家网信办秘书局联合发布《关于网络预约出租汽车经营者申请线上服务能力认定工作流程的通知》(交办运〔2016〕143号)。
4日至5日	交通运输部部长李小鹏在调研冬奥会重大交通保障项目时强调，以最高标准最严要求打赢冬奥会交通保障攻坚战。优化运输组织方式，促进跨区域、跨方式间运输服务的一体化和便利化，全面提升交通一体化的管理效率和服务水平。
7日	《交通运输部办公厅关于印发出租汽车驾驶员从业资格全国公共科目考试大纲的通知》(交办运〔2016〕135号)、《交通运输部办公厅关于明确网络预约出租汽车服务许可证件式样的通知》(交办运〔2016〕136号)、《交通运输部办公厅关于网络预约出租汽车车辆准入和退出有关工作流程的通知》(交办运〔2016〕144号)发布。
9日	全国"四好农村路"运输服务工作现场会在湖北竹山召开，对今后一个时期"四好农村路"运输服务工作再动员、再部署。

	17日	在浙江乌镇召开的世界互联网大会迎来崭新分论坛——"互联网＋出行"论坛。该论坛由交通运输部主办，主题为"智慧交通，让出行更便捷"。交通运输部党组书记杨传堂在论坛上发出5点倡议，号召世界各国的交通运输界、互联网界的朋友加强沟通、扩大共识、深化合作，以整合资源、开放共享为重点，以泛在互联、全面感知、便捷交互为目标，推动"互联网＋"与交通运输融合发展。
	19日	2016中国技能大赛——第八届全国交通运输行业"中车株机·捷安杯"轨道列车司机职业技能竞赛闭幕式在河南交通职业技术学院举行。
	25日	中央纪委驻交通运输部纪检组组长宋福龙、交通运输部副部长刘小明率队赴北京市轨道交通指挥中心调研。
	30日	《交通运输部办公厅关于全面推进公交都市建设等有关事项的通知》（交办运〔2016〕157号），提出"十三五"期重点面向全国地市级以上城市推进公交都市建设，力争到"十三五"末建成一批具有特色主题的公交都市城市。
12月	3日	交通运输部在山东省济南市召开公交都市创建现场推进会。交通运输部副部长刘小明出席会议并要求，"十三五"期必须坚持将公共交通放在城市交通发展的首要位置，全面推进公交都市创建和公交优先发展，加快实现城市交通治理体系和治理能力现代化。交通运输部将重心下移，鼓励地市级以上城市分主题、分类别开展公交都市创建工作。
	20日	《交通运输部办公厅关于印发〈网络预约出租汽车监管信息交互平台总体技术要求（暂行）〉的通知》（交办运〔2016〕180号）发布。
	26日	2017年全国交通运输工作会议在交通运输部党校开幕。会议深入学习贯彻习近平总书记系列重要讲话精神，总结2016年工作，部署2017年重点工作。
	28日	2017年全国春运电视电话会议召开。交通运输部副部长刘小明出席会议并要求，各级交通运输主管部门要紧紧围绕创建"便捷春运、温　春运、平安春运、诚信春运"，进一步增强宗旨意识、责任意识和协同意识，坚决打赢春运攻坚战，让旅客走得了、走得好、走得安全、走得舒心。
	30日	交通运输部会同工业和信息化部、公安部、中国人民银行、国家税务总局、国家网信办等部门，联合开展了网约车线上服务能力认定培训工作，滴滴出行、神州专车、首汽约车、易到用车等10家网约车平台公司以及有关省市相关部门参加了培训。截至2016年12月30日，全国共有北京、天津、上海、重庆、杭州、宁波、大连、成都、厦门、福州、广州、合肥、深　、青岛等42个城市正式发布了网约车管理实施细则。另外，还有140余个城市已向社会公开征求了意见。
	31日	《交通运输部关于深化改革加快推进道路客运转型升级的指导意见》（交运发〔2016〕240号）发布。

附录1　2016年发布的城市客运标准规范

2016年发布的城市客运标准规范

序号	标准编号	标准名称	发布时间	实施时间
1	JT/T 1018—2016	城市公共汽电车突发事件应急预案编制规范	2016.2	2016.4.10
2	JT/T 1053—2016	无轨电车配置要求	2016.4	2016.7.1
3	JT/T 1052—2016	城市公共交通出行分担率调查和统计方法	2016.4	2016.7.1
4	JT/T 1051—2016	城市轨道交通运营突发事件应急预案编制规范	2016.4	2016.7.1
5	GB/T 32842—2016	城市公共自行车交通服务规范	2016.9	2017.3.1
6	GB/T 32852.1—2016	城市客运术语　第1部分：通用术语	2016.9	2017.3.1
7	GB/T 32985—2016	城市快速公共交通系统（BRT）建设及运营管理规范	2016.9	2017.3.1
8	GB/T 22484—2016	城市公共汽电车客运服务规范	2016.10	2017.5.1
9	GB/T 33171—2016	城市交通运行状况评价规范	2016.10	2017.5.1
10	JT/T 1091—2016	有轨电车试运营基本条件	2016.10	2017.7.1
11	JT/T 1069—2016	网络预约出租汽车运营服务规范	2016.10	2016.11.1
12	JT/T 1068—2016	巡游出租汽车运营服务规范	2016.10	2016.11.1
13	JT/T 1096—2016	电动公共汽车配置要求	2016.12	2017.4.1
14	JT/T 1097—2016	城市轨道交通公共区域客流数据采集规范	2016.12	2017.4.1
15	JT/T 1098—2016	城市公共汽电车出行信息服务系统技术要求	2016.12	2017.4.1

附录2　图表目录

1. 图　目　录

图4-1　　2016年我国31个省（自治区、直辖市）城市公共汽电车运营车辆数情况
图4-2　　2016年我国31个省（自治区、直辖市）城市公共汽电车运营车辆数增长情况
图4-3　　2016年我国31个省（自治区、直辖市）城市公共汽电车新能源车辆占比情况
图4-4　　2016年我国31个省（自治区、直辖市）公共汽电车新能源车辆占比增长情况
图4-5　　2016年我国36个中心城市万人公共汽电车保有量情况
图4-6　　2016年我国36个中心城市万人公共汽电车保有量增长情况
图4-7　　2016年我国36个中心城市公共汽电车新能源公交车辆占比情况
图4-8　　2016年我国36个中心城市公共汽电车新能源车占比增长情况
图4-9　　2016年我国31个省（自治区、直辖市）城市公共汽电车运营线路条数情况
图4-10　2016年我国31个省（自治区、直辖市）城市公共汽电车运营线路条数增长情况
图4-11　2016年我国31个省（自治区、直辖市）城市公共汽电车运营线路长度情况
图4-12　2016年我国31个省（自治区、直辖市）公共汽电车运营线路长度增长情况
图4-13　2016年我国31个省（自治区、直辖市）城市公共汽电车场站面积情况
图4-14　2016年我国31个省（自治区、直辖市）城市公共汽电车场站面积增长情况
图4-15　2016年我国36个中心城市公共汽电车车均场站面积情况
图4-16　2016年我国36个中心城市公共汽电车车均场站面积增长情况
图4-17　2016年我国31个省（自治区、直辖市）城市公共汽电车经营业户数情况
图4-18　2016年我国31个省（自治区、直辖市）城市公共汽电车从业人员数情况
图4-19　2016年我国31个省（自治区、直辖市）城市公共汽电车驾驶员数情况
图4-20　2016年我国36个中心城市公共汽电车从业人员数与运营车辆数的人车比情况
图4-21　2016年我国31个省（自治区、直辖市）公共汽电车运营里程情况
图4-22　2016年我国31个省（自治区、直辖市）城市公共汽电车客运量情况
图4-23　2016年我国31个省（自治区、直辖市）使用公共交通一卡通的公共汽电车客运量占公共汽电车客运量比例情况
图4-24　2016年我国31个省（自治区、直辖市）城市公共汽电车单位运营里程载客数情况
图4-25　2016年我国36个中心城市公共汽电车车均年运营里程情况
图4-26　2016年我国36个中心城市公共汽电车车均客运量情况
图4-27　2016年我国36个中心城市使用公共交通一卡通的公共汽电车客运量占公共汽电车客运总量比例情况
图4-28　2016年我国36个中心城市公共汽电车单位运营里程运载乘客数情况
图4-29　2016年我国开通BRT城市BRT运营车辆数情况
图4-30　2016年我国开通BRT城市BRT运营车辆数增长情况
图4-31　2016年我国开通BRT城市BRT运营线路长度情况
图4-32　2016年我国开通BRT城市BRT运营线路长度增长情况

图4-33　2016年我国开通BRT城市BRT客运量情况
图5-1　2016年我国各城市轨道交通运营线路条数情况
图5-2　2016年我国各城市轨道交通运营线路长度情况
图5-3　2016年我国城市轨道交通运营线路长度变化情况
图5-4　2016年我国各城市轨道交通车站数量情况
图5-5　2016年我国各城市轨道交通换乘站数占车站数比例情况
图5-6　2016年我国城市轨道交通场站数量增长情况
图5-7　2016年我国城市轨道交通运营车辆数量情况
图5-8　2016年我国城市轨道交通运营车辆数增长情况
图5-9　2016年我国各城市轨道交通客运量情况
图5-10　2016年我国各城市城市轨道交通客运量增长情况
图5-11　2016年我国各城市轨道交通日均客运量情况
图5-12　2016年我国各城市年人均乘坐城市轨道交通次数情况
图5-13　2016年我国各城市轨道交通运营里程情况
图5-14　2016年我国各城市轨道交通运营里程增长情况
图5-15　2016年我国各城市轨道交通单位运营里程运载乘客数情况
图5-16　2016年我国各城市轨道交通旅客周转量情况
图6-1　2016年我国31个省（自治区、直辖市）出租汽车运营车辆数情况
图6-2　2016年我国31个省（自治区、直辖市）出租汽车运营车辆数增长情况
图6-3　2016年我国36个中心城市出租汽车运营车辆数情况
图6-4　2016年我国36个中心城市出租汽车运营车辆数增长情况
图6-5　2016年我国出租汽车营运车辆按燃料类型划分情况
图6-6　2016年我国出租汽车企业按车辆规模划分及所占比例情况
图6-7　2016年我国31个省（自治区、直辖市）出租汽车从业人员数情况
图6-8　2016年我国31个省（自治区、直辖市）出租汽车驾驶员数情况
图6-9　2016年我国31个省（自治区、直辖市）出租汽车从业人员数变化情况
图6-10　2016年我国31个省（自治区、直辖市）出租汽车运营里程情况
图6-11　2016年我国31个省（自治区、直辖市）出租汽车运营里程增长情况
图6-12　2016年我国36个城市出租汽车运营里程平均每车年运营里程情况
图6-13　2016年我国36个城市出租汽车运营里程平均每车年运营里程增长情况
图6-14　2016年我国31个省（自治区、直辖市）出租汽车客运量情况
图6-15　2016年我国31个省（自治区、直辖市）出租汽车客运量变化情况
图6-16　2016年我国31个省（自治区、直辖市）出租汽车里程利用率情况
图6-17　2016年我国36个中心城市出租汽车里程利用率情况
图6-18　2016年我国31个省（自治区、直辖市）出租汽车次均载客人数情况
图6-19　2016年我国36个中心城市出租汽车次均载客人数情况
图7-1　上海市公交电子站牌
图7-2　上海930路公交时刻表
图7-3　上海公交手机客户端
图7-4　上海地铁官方指南
图7-5　公交营运中心

图7-6　　朝阳公交枢纽
图10-1　太原市成首个纯电动出租车城市
图10-2　佛山市首开氢燃料电池公交示范线路
图11-1　宜昌BRT走廊
图11-2　宜昌BRT车站内景
图11-3　宜昌BRT车站及连续的自行车道
图11-4　枣庄BRT车辆
图11-5　枣庄BRT信号优先系统
图11-6　枣庄快速公交专用道
图11-7　枣庄快速公交智能调度系统
图12-1　定制公交电子服务平台
图12-2　清洁能源车型快速直达专线
图12-3　北京旅游公交1线
图12-4　北京南站高铁快巴
图12-5　苏州好行线路图
图12-6　苏州好行旅游巴士
图12-7　苏州好行卡
图12-8　苏州好行旅游巴士
图12-9　杭州市公交车支付宝支付设备

2. 表 目 录

表4-1　　2016年我国城市公共汽电车发展情况
表4-2　　2016年我国31个省（自治区、直辖市）城市公共汽电车运营车辆发展情况
表4-3　　2016年我国36个中心城市万人公共汽电车保有量情况
表4-4　　2016年我国36个中心城市公共汽电车运营车辆发展情况
表4-5　　2016年我国31个省（自治区、直辖市）公共汽电车线路情况
表4-6　　2016年我国36个中心城市公共汽电车线路情况
表4-7　　2016年我国31个省（自治区、直辖市）城市公共汽电车场站设施情况
表4-8　　2016年我国36个中心城市公共汽电车场站设施情况
表4-9　　2016年我国31个省（自治区、直辖市）公共汽电车经营主体发展情况
表4-10　2016年我国36个中心城市公共汽电车经营主体发展情况
表4-11　2016年我国31个省（自治区、直辖市）城市公共汽电车运营情况
表4-12　2016年我国36个中心城市公共汽电车运营情况
表4-13　2016年我国快速公共汽车交通系统（BRT）情况
表5-1　　2016年我国城市轨道交通发展情况
表5-2　　2016年我国各城市轨道交通运营线路条数情况
表5-3　　2016年我国各城市轨道交通运营线路长度情况
表5-4　　2016年我国各城市轨道交通车站数量情况
表5-5　　2016年我国城市轨道交通运营车辆数据情况
表5-6　　2016年我国各城市轨道交通从业人员情况
表5-7　　2016年我国各城市轨道交通客运量情况
表5-8　　2016年我国城市轨道交通运营里程及单位运营里程运载乘客情况
表5-9　　2016年我国城市轨道交通旅客周转量情况
表6-1　　2016年我国出租汽车发展情况
表6-2　　2016年我国31个省（自治区、直辖市）出租汽车营运车辆发展情况
表6-3　　2016年我国36个中心城市出租汽车营运车辆发展情况
表6-4　　2016年我国出租汽车营运车辆按燃料类型划分数据表
表6-5　　2016年我国36个中心城市出租汽车营运车辆按燃料类型划分情况
表6-6　　2016年我国出租汽车企业按车辆规模划分及所占比例情况
表6-7　　2016年我国31个省（自治区、直辖市）出租汽车从业人员发展情况
表6-8　　2016年我国31个省（自治区、直辖市）出租汽车运营里程情况
表6-9　　2016年我国36个中心城市出租汽车运营里程发展情况
表6-10　2016年我国31个省（自治区、直辖市）出租汽车客运量发展情况
表6-11　2016年我国36个中心城市出租汽车客运量发展情况
表6-12　2016年我国31个省（自治区、直辖市）出租汽车里程利用率情况
表6-13　2016年我国36个中心城市出租汽车里程利用率情况
表6-14　2016年我国31个省（自治区、直辖市）出租汽车次均载客人数情况
表6-15　2016年我国36个中心城市出租汽车次均载客人数情况
表10-1　新能源汽车财政补贴标准
表10-2　太原市电动汽车各时段充电价格
表11-1　近年来发布实施的快速公交系统相关标准清单

1. LIST OF FIGURES

Figure 4-1   Number of Buses/Trolley Buses Vehicles within 31 Provinces, Autonomous Regions and Municipalities in 2016

Figure 4-2   Growth in the Numbers of Buses/Trolley Buses Vehicles within 31 Provinces, Autonomous Regions and Municipalities in 2016

Figure 4-3   Proportion of Operating New Energy Buses/Trolley Buses Vehicles within 31 Provinces, Autonomous Regions and Municipalities in 2016

Figure 4-4   Growth in the Proportion of Operating New Energy Buses/Trolley Buses Vehicles within 31 Provinces, Autonomous Regions and Municipalities in 2016

Figure 4-5   Number of Buses/Trolley Buses Vehicles per 10,000 People of 36 Central Cities in 2016

Figure 4-6   Growth in the Number of Buses/Trolley Buses Vehicles per 10,000 People of 36 Central Cities in 2016

Figure 4-7   Proportion of Operating New Energy Buses/Trolley Buses Vehicles of 36 Central Cities in 2016

Figure 4-8   Growth in the Proportion of Operating New Energy Buses/Trolley Buses Vehicles of 36 Central Cities in 2016

Figure 4-9   Number of Buses/Trolley Buses Operation Routes within 31 Provinces, Autonomous Regions and Municipalities in 2016

Figure 4-10   Growth in the Number of Buses/Trolley Buses Operation Routes within 31 Provinces, Autonomous Regions and Municipalities in 2016

Figure 4-11   Buses/Trolley Buses Operation Routes Length within 31 Provinces, Autonomous Regions and Municipalities in 2016

Figure 4-12   Growth in the Buses/Trolley Buses Operation Routes Length within 31 Provinces, Autonomous Regions and Municipalities in 2016

Figure 4-13   Buses/Trolley Buses Depots Area of 36 Central Cities in 2016

Figure 4-14   Growth in the Buses/Trolley Buses Depots Area within 31 Provinces, Autonomous Regions and Municipalities in 2016

Figure 4-15   Buses/Trolley Buses Average Depots Area of 36 Central Cities in 2016

Figure 4-16   Growth in the Buses/Trolley Buses Average Depots Area of 36 Central Cities in 2016

Figure 4-17   Number of Buses/Trolley Buses Business Operators within 31 Provinces, Autonomous Regions and Municipalities in 2016

Figure 4-18   Growth in the Number of Buses/Trolley Buses Business Staff within 31 Provinces, Autonomous Regions and Municipalities in 2016

Figure 4-19   Growth in the Number of Bus/Trolley Bus Drivers within 31 Provinces, Autonomous Regions and Municipalities in 2016

Figure 4-20   Ratio of Buses/Trolley Buses Business Staff to Bus Numbers of 36 Central Cities in 2016

Figure 4-21   Buses/Trolley Buses Operation Mileage within 31 Provinces, Autonomous Regions and Municipalities in 2016

Figure 4-22   Growth in the Buses/Trolley Buses Operation Mileage within 31 Provinces, Autonomous Regions

	and Municipalities in 2016
Figure 4-23	Buses/Trolley Buses IC Card Usage Rate in 31 Provinces, Autonomous Regions and Municipalities in 2016
Figure 4-24	Number of Passengers per Buses/Trolley Buses Operation Mileage within 31 Provinces, Autonomous Regions and Municipalities in 2016
Figure 4-25	Operation Mileage per Bus/Trolley Bus of 36 Central Cities in 2016
Figure 4-26	Average Passenger Volume per Bus/Trolley Bus of 36 Central Cities in 2016
Figure 4-27	Buses/Trolley Buses IC Card Usage Rate of 36 Central Cities in 2016
Figure 4-28	Number of Passenger per Bus/Trolley Bus Operation Mileage of 36 Central Cities in 2016
Figure 4-29	Number of BRT Vehicles of Cities Providing BRT Service in 2016
Figure 4-30	Growth in the Number of BRT Vehicles of Cities Providing BRT Service in 2016
Figure 4-31	BRT Route Length of Cities Providing BRT Service in 2016
Figure 4-32	Growth in the BRT Route Length of Cities Providing BRT Service in 2016
Figure 4-33	BRT Passenger Volume of Cities Providing BRT Service in 2016
Figure 5-1	Number of Urban Rail Transit Lines by City in 2016
Figure 5-2	Route Length of Urban Rail Transit Lines by City in 2016
Figure 5-3	Growth in the Line Length of Urban Rail Transit Routes by City in 2016
Figure 5-4	Number of Urban Rail Transit Station by City in 2016
Figure 5-5	The Ratio of Urban Rail Transit Transfer Station Numbers to Total Station Numbers by City in 2016
Figure 5-6	Growth in the Number of Urban Rail Transit Vehicles Depots by City in 2016
Figure 5-7	Number of Urban Rail Transit Vehicles by City in 2016
Figure 5-8	Growth in the Number of Urban Rail Transit Vehicles by City in 2016
Figure 5-9	Urban Rail Transit Passenger Volume by City in 2016
Figure 5-10	Growth in the Urban Rail Transit Passenger Volume by City in 2016
Figure 5-11	Urban Rail Transit Daily Passenger Volume by City in 2016
Figure 5-12	Number of Times Traveling with Urban Rail Transit per Person by City in 2016
Figure 5-13	Number of Urban Rail Transit Operation Mileage by City in 2016
Figure 5-14	Growth in Urban Rail Transit Operation Mileage by City in 2016
Figure 5-15	Number of Urban Rail Transit Passenger Volume per Operation Mileage by City in 2016
Figure 5-16	Number of Urban Rail Transit Turnover Passenger Volume by City in 2016
Figure 6-1	Number of Taxi Vehicles within 31 Provinces, Autonomous Regions and Municipalities in 2016
Figure 6-2	Growth in the Number of Taxi Vehicles within 31 Provinces, Autonomous Regions and Municipalities in 2016
Figure 6-3	Number of Taxi Vehicles within 36 Central Cities in 2016
Figure 6-4	Growth in the Numbers of Taxi Vehicles within 36 Central Cities in 2016
Figure 6-5	Operating Taxi Statistics by Fuel Type in 2016
Figure 6-6	Operating Taxi Statistics by Operator Types in 2016
Figure 6-7	Number of Taxi Industry Staff within 31 Provinces, Autonomous Regions and Municipalities in 2016
Figure 6-8	Growth in the Number of Taxi Industry Staff within 31 Provinces, Autonomous Regions and Municipalities in 2016
Figure 6-9	Growth in the Number of Taxi Industry Driver within 31 Provinces, Autonomous Regions and

	Municipalities in 2016
Figure 6-10	Annual Taxi Operation Mileage in 31 Provinces, Autonomous Regions and Municipalities in 2016
Figure 6-11	Growth in the Annual Taxi Operation Mileage in 31 Provinces, Autonomous Regions and Municipalities in 2016
Figure 6-12	Average Annual Operation Mileage per Taxi Vehicle within 36 Central Cities in 2016
Figure 6-13	Growth in the Average Annual Operation Mileage per Taxi Vehicle within 36 Central Cities in 2016
Figure 6-14	Taxi Passenger Volume in 31 Provinces, Autonomous Regions and Municipalities in 2016
Figure 6-15	Growth in the Taxi Passenger Volume in 31 Provinces, Autonomous Regions and Municipalities in 2016
Figure 6-16	Efficiency of Taxi Operation Mileage in 31 Provinces, Autonomous Regions and Municipalities in 2016
Figure 6-17	Efficiency of Taxi Operation Mileage within 36 Central Cities in 2016
Figure 6-18	Taxi Passenger Volume per Passenger Travel in 31 Provinces, Autonomous Regions and Municipalities in 2016
Figure 6-19	Taxi Passenger Volume per Passenger Travel within 36 Central Cities in 2016
Figure 7-1	Shanghai Bus Electronic Stop Sign
Figure 7-2	Shanghai 930 Bus Timetable
Figure 7-3	Shanghai Bus Mobile Client APP
Figure 7-4	Shanghai Metro Official Guide
Figure 7-5	Bus Operations Center
Figure 7-6	Chaoyang Public Transport Hub
Figure 10-1	Taiyuan City Turn into the First Pure Electric Taxi City
Figure 10-2	Foshan City Opened the First Hydrogen Fuel Cell Bus Demonstration Line
Figure 11-1	Yichang BRT Corridor
Figure 11-2	Yichang BRT Station Interior
Figure 11-3	Yichang BRT Station and Continuous Bike Path
Figure 11-4	Zaozhuang BRT Vehicle
Figure 11-5	Zaozhuang BRT Signal Priority System
Figure 11-6	Zaozhuang Bus Rapid Transit Road
Figure 11-7	Zaozhuang Bus Rapid Transit Intelligent Dispatching System
Figure 12-1	Customized Bus Electronic Service Platform
Figure 12-2	Clean Energy Vehicles Fast Access Line
Figure 12-3	Beijing Tourist Bus Line 1
Figure 12-4	High-Speed Bus for Beijing South High-Speed Railway Station
Figure 12-5	Suzhou Good Line Map
Figure 12-6	Suzhou Good Travel Coaches
Figure 12-7	Suzhou Good Travel Card
Figure 12-8	Suzhou Good Travel Coach
Figure 12-9	Hangzhou City Bus Zhifubao Payment Equipment

2. LIST OF TABLES

Table 4-1　　Buses/Trolley Buses Sector Development in 2016
Table 4-2　　Buses/Trolley Buses Vehicles Development in 31 Provinces, Autonomous Regions and Municipalities in 2016
Table 4-3　　Number of Buses/Trolley Buses Vehicles per 10,000 People of 36 Central Cities in 2016
Table 4-4　　Buses/Trolley Buses Sector Development of 36 Central Cities in 2016
Table 4-5　　Buses/Trolley Buses Routes Development in 31 Provinces, Autonomous Regions and Municipalities in 2016
Table 4-6　　Buses/Trolley Buses Routes Development of 36 Central Cities in 2016
Table 4-7　　Buses/Trolley Buses Depots Development in 31 Provinces, Autonomous Regions and Municipalities in 2016
Table 4-8　　Buses/Trolley Buses Depots Development of 36 Central Cities in 2016
Table 4-9　　Buses/Trolley Buses Operators Development in 31 Provinces, Autonomous Regions and Municipalities in 2016
Table 4-10　 Buses/Trolley Buses Operators Development of 36 Central Cities in 2016
Table 4-11　 Buses/Trolley Buses Operation Situation in 31 Provinces, Autonomous Regions and Municipalities in 2016
Table 4-12　 Buses/Trolley Buses Operation Situation of 36 Central Cities in 2016
Table 4-13　 Bus Rapid Transit(BRT) System Development in 2016
Table 5-1　　Urban Rail Transit Sector Development in 2016
Table 5-2　　Urban Rail Transit Operation Line Statistics by City in 2016
Table 5-3　　Urban Rail Transit Operation Line Length Statistics by City in 2016
Table 5-4　　Urban Rail Transit Operation Station Statistics by City in 2016
Table 5-5　　Urban Rail Transit Vehicles Statistics by City in 2016
Table 5-6　　Urban Rail Transit Industry Staff Statistics by City in 2016
Table 5-7　　Urban Rail Transit Passenger Volume by City in 2016
Table 5-8　　Urban Rail Transit Operation Mileage Statistics by City in 2016
Table 5-9　　Urban Rail Transit Turnover Operation Mileage Statistics by City in 2016
Table 6-1　　Taxi Sector Development in 2016
Table 6-2　　Taxi Vehicles Development in 31 Provinces, Autonomous Regions and Municipalities in 2016
Table 6-3　　Taxi Vehicles Development of 36 Central Cities in 2016
Table 6-4　　Operating Taxi Statistics by Fuel Type in 2016
Table 6-5　　Operating Taxi Statistics by Fuel Type of 36 Central Cities in 2016
Table 6-6　　Operating Taxi Statistics by Operator Type in 2016
Table 6-7　　Taxi Industry Staff Development in 31 Provinces, Autonomous Regions and Municipalities in 2016
Table 6-8　　Taxi Operation Mileage Development in 31 Provinces, Autonomous Regions and Municipalities in 2016
Table 6-9　　Taxi Operation Mileage Development of 36 Central Cities in 2016
Table 6-10　 Taxi Passenger Volume Development in 31 Provinces, Autonomous Regions and Municipalities in 2016

Table 6-11	Taxi Passenger Volume Development of 36 Central Cities in 2016
Table 6-12	Taxi Passenger Mileage Usage Statistics in 31 Provinces, Autonomous Regions and Municipalities in 2016
Table 6-13	Taxi Passenger Mileage Usage Statistics of 36 Central Cities in 2016
Table 6-14	Taxi Passenger Volume per Passenger Travel in 31 Provinces, Autonomous Regions and Municipalities in 2016
Table 6-15	Taxi Passenger Volume per Passenger Travel of 36 Central Cities in 2016
Table 10-1	Financial Subsidy Standard for New Energy Vehicles
Table 10-2	Taiyuan Electric Vehicle Charging Price for Each Time Period
Table 11-1	The List of Released Standards for BRT in Recent Years